BEI GRIN MACHT SICH WISSEN BEZAHLT

Bibliografische Information der Deutschen Nationalbibliothek:

Die Deutsche Bibliothek verzeichnet diese Publikation in der Deutschen National-
bibliografie; detaillierte bibliografische Daten sind im Internet über http://dnb.d-
nb.de/ abrufbar.

Impressum:

Copyright © 2009 GRIN Verlag, Open Publishing GmbH
Druck und Bindung: Books on Demand GmbH, Norderstedt Germany
ISBN: 9783640457007

Dieses Buch bei GRIN:

http://www.grin.com/de/e-book/137903/loesung-des-traveling-salesman-problems-
mittels-monte-carlo-simulation

Stephanie Redl

Lösung des Traveling-Salesman-Problems mittels Monte-Carlo-Simulation und Simulated Annealing auf einem HPC-Cluster

GRIN Verlag

Universität Leipzig

Wirtschaftswissenschaftliche Fakultät

Institut für Wirtschaftsinformatik

Professur Informationsmanagement

Bachelorarbeit

Freie wissenschaftliche Arbeit

zur Erlangung des akademischen Grades Bachelor of Science Wirtschaftsinformatik

an der Wirtschaftswissenschaftlichen Fakultät der Universität Leipzig

Lösung des Traveling-Salesman-Problems mittels Monte-Carlo-Simulation und Simulated Annealing auf einem HPC-Cluster

Bearbeiter: Stephanie Redl

6. Semester

Eingereicht am: 08.09.2009

Abstract

Simulated Annealing ist eine Monte-Carlo-basierte Metaheuristik, welche durch grundlegende Prinzipien der statistischen Thermodynamik inspiriert wurde. Die vorliegende Arbeit zeigt die Leistungsfähigkeit dieses naturanalogen Verfahrens anhand des Problems des Handlungsreisenden, welches ein bekannter Vertreter des umfangreichen Gebiets der kombinatorischen Optimierung ist. Bei steigender Komplexität der zu lösenden Probleme wächst die erforderliche Rechenzeit des sequentiellen Algorithmus jedoch enorm an, weshalb anschließend einige Ansätze zur Parallelisierung dieses Verfahrens vorgestellt werden sollen. Das Hauptaugenmerk wird auf die Strategie des Speculative Computation gerichtet sein, da diese Vorgehensweise die zahlreichen Vorteile der seriellen Implementierung mit der Beschleunigung des Berechnungsprozesses in Einklang bringt. Diese Arbeit setzt implizites Wissen über die Architekturmöglichkeiten paralleler Verarbeitung voraus und wird daher nicht näher auf technische Details eingehen.

Schlüsselwörter

Metropolis-Algorithmus, Simulated Annealing, Monte-Carlo-Simulation, Traveling-Salesman-Problem, Speculative Computation

Gliederung

Gliederung I

Abbildungsverzeichnis III

Tabellenverzeichnis IV

1   Simulation und kombinatorische Optimierung 1

    1.1   Wichtige Grundbegriffe der Simulation 1

    1.2   Arten der Simulation 3

    1.3   Modellierung dynamischer Systeme 4

    1.4   Optimierungsprobleme und Lösungsmöglichkeiten 5

    1.5   Heuristiken und Metaheuristiken 6

    1.6   Das Traveling-Salesman-Problem als klassisches Beispiel eines kombinatorischen Optimierungsproblems 8

2   Der Zufall und die Physik - der Weg des Simulated Annealing 10

    2.1   Monte-Carlo-Simulation: Numerik mit Zufall 10

    2.2   Statistische Mechanik und der Metropolis-Algorithmus 11

    2.3   Die Vielfalt des Simulated Annealing: der Algorithmus und seine Parameter 17

        2.3.1   Der Simulated-Annealing-Algorithmus 17

        2.3.2   Die Wahl der Parameter 19

        2.3.3   Konvergenzgeschwindigkeit versus Genauigkeit 20

        2.3.4   Problemfelder 21

    2.4   Anwendung des Simulated Annealing auf das Problem des Handlungsreisenden . 22

3   Parallelisierung als Ausweg? 27

    3.1   Möglichkeiten der Parallelisierung von Metaheuristiken 27

    3.2   Möglichkeiten der Parallelisierung von Simulated Annealing 29

        3.2.1   Schwierigkeiten bei der Parallelisierung von Simulated Annealing 29

        3.2.2   Synchrone und asynchrone Parallelisierung 30

        3.2.3   Problemabhängige und problemunabhängige Parallelisierung 33

        3.2.4   Parallelisierung mit seriellen oder parallelen Zustandsübergängen 37

    3.3   Parallelisierung des Simulated Annealing mittels Speculative Computation 40

        3.3.1   Die grundlegende Vorgehensweise 40

        3.3.2   Die Wahl der Baumgestalt 44

        3.3.3   Verringerung des Kommunikationsaufwands 46

3.3.4   Generalized Speculative Computation... 48

4   Zusammenfassung und Ausblick **51**

Anhang.. **V**

Anlage 1 - Monte-Carlo-Flächenberechnung V

Anlage 2 - Beispiel zum Traveling-Salesman-Problem VII

Anlage 3 - Herleitung des Ausdrucks zur Berechnung der Beschleunigung einer
bestimmten Baumgestalt..XI

Literaturverzeichnis .... **XV**

Abbildungsverzeichnis

Abbildung 1: Das System als zentrales Element der Simulation 2

Abbildung 2: eindimensionales Gitter 11

Abbildung 3: Vergleich der Zustände beim Abkühlen 14

Abbildung 4: Verlauf der Akzeptanzwahrscheinlichkeit 15

Abbildung 5: Metropolis-Algorithmus 17

Abbildung 6: Pseudocode Simulated-Annealing-Algorithmus 18

Abbildung 7: Beispiel eines Traveling-Salesman-Problems mit 100 Städten 24

Abbildung 8: optimale Route des 100-Städte-Beispiels aus Abbildung 7 25

Abbildung 9: Parallelisierungstechniken nach Greening (1999, S.295) 30

Abbildung 10: Decision Tree Decomposition 32

Abbildung 11: Farming 34

Abbildung 12: Master-Slave-Beziehung beim One-Chain-Algorithmus 35

Abbildung 13: Kommunikationsaufwand beim Clustering-Algorithmus 39

Abbildung 14: Binärbaum mit drei Prozessoren 41

Abbildung 15: Zeitdiagramm für drei Prozessoren 42

Abbildung 16: Binärbaum mit sieben Prozessoren 42

Abbildung 17: Zeitdiagramm für sieben Prozessoren 43

Abbildung 18: Unbalancierter Binärbaum mit sieben Prozessoren 45

Abbildung 19: Übertragung der Zustandsänderungen in einem unbalancierten Baum mit
zehn Prozessoren 47

Abbildung 20: N-ärer spekulativer Baum mit drei Stufen 49

Abbildung 21: Graph der Funktion f(x) = x² V

Abbildung 22: Startlösung VIII

Abbildung 23: Lösungskandidat 1 VIII

Abbildung 24: Lösungskandidat 2 IX

Abbildung 25: optimale Tour X

Tabellenverzeichnis

Tabelle 1: Distanzmatrix in km VII

Tabelle 2: Entfernungstabelle für die Startlösung VIII

Tabelle 3: Entfernungen für Lösungskandidat 1 VIII

Tabelle 4: Entfernungen für Lösungskandidat 2 IX

1 Simulation und kombinatorische Optimierung

„Da steh' ich nun, ich armer Thor! Und bin so klug als wie zuvor;" [Goethe, 1808, V. 358-359]. Wer kennt nicht die Klage des Gelehrten Faust, der in Goethes bekanntester Tragödie die Unergiebigkeit menschlicher Existenz anprangert? Faust steht am Ende seines Lebens und am Anfang eines großen Dilemmas: *„Mit Eifer habe ich mich der Studien beflissen; weiß ich viel, doch möcht ich alles wissen."* [Goethe, 1808, V.600-601]. Das Streben nach Erkenntnis treibt den Menschen an, bereits Johann Wolfgang von Goethe wusste das und widmete diesem Thema mit der Arbeit an seinem Werk „Faust. Eine Tragödie von Goethe" große Zeit seines Lebens.

Das Zeitalter immer leistungsfähigerer Computer liefert mit der Technik der Simulation ein weiteres Werkzeug, um zu erkennen, *„was die Welt im Innersten zusammenhält"* [Goethe, 1808, V.382-383]. Neben reiner Theorie und praktischen Experimenten ist diese als dritter großer Bereich in Wissenschaft und Forschung weitreichend akzeptiert. Die digitale Simulation stellt Methoden zur Verfügung, mit denen dynamische Systeme nachgebildet werden können, um Ergebnisse und Erkenntnisse zu gewinnen, die auf die Realität übertragbar sind und sowohl kostengünstiger und schneller als auch in der Durchführung weniger gefährlich sind als reale Experimente. Zum Verständnis des in dieser Arbeit fokussierten Algorithmus müssen zunächst einige Grundlagen der Simulationstheorie erklärt werden. Im Folgenden soll deshalb auf wichtige Grundbegriffe sowie eine mögliche Unterteilung der verschiedenen Arten der Simulation eingegangen werden, bevor ein Einblick in das Gebiet der kombinatorischen Optimierung gewährt wird, um kurz das Anwendungsgebiet der betrachteten Prozedur vorzustellen. Ein besonderes Augenmerk soll auf das Feld der Heuristiken und Metaheuristiken gerichtet werden, zu denen auch Simulated Annealing gehört, ein Algorithmus aus der Familie der Monte-Carlo-Simulation und Gegenstand dieser Arbeit.

1.1 Wichtige Grundbegriffe der Simulation

Zunächst sollen einige wesentliche Begriffe erklärt werden, um eine Grundlage für das Verständnis des Bereiches der Simulation zu schaffen.

Das zentrale Element ist das System, welches ein Objekt der realen Umwelt darstellt, wenn es folgende Eigenschaften erfüllt:

- Systemzweck: Es liegt eine zu erfüllende Funktion vor.
- Systemstruktur: Die Funktion wird bestimmt durch eine spezifische Kombination von Teilelementen des Systems und deren Relationen untereinander.

 – Unteilbarkeit: Der Systemzweck kann nicht erfüllt werden, wenn Teilelemente entfernt oder deren Verknüpfungen zerstört werden.

Wie in Abbildung 1 dargestellt, ist ein System demnach ein Objekt der Realität, welches durch einen bestimmten Zweck und seine nicht teilbare Struktur aus Elementen und deren

Abbildung 1: Das System als zentrales Element der Simulation

Beziehungen zueinander definiert ist. Jedes dieser Systemelemente ist weiterhin durch Attribute gekennzeichnet, die gewisse Merkmalsausprägungen annehmen können und die Relationen innerhalb des Objekts entstehen durch die Beschränkung, dass diese Ausprägungen nicht in jeder theoretisch denkbaren Kombination auftreten dürfen. Die Modifikation der Attributwerte erfolgt durch die gegenseitige Beeinflussung der Systemelemente mittels Kommunikation. Um chaotisches Systemverhalten zu simulieren, kann ein Zufallszahlengenerator eingesetzt werden, der zufällige Änderungen der Eigenschaften vornimmt. Die jeweilige Konfiguration der Attributwerte bestimmt dann den Systemzustand, der sich sowohl kontinuierlich als auch diskret, das heißt zu bestimmten Zeitpunkten, ändern kann. An dieser Stelle soll nur die diskrete Zustandsänderung von Bedeutung sein, die auch als Ereignis bezeichnet wird. Es gibt verschiedene Einflussfaktoren, die ein Ereignis auslösen können: Zum einen kann die äußere Umwelt auf das System wirken, zum anderen können aber auch Prozesse innerhalb des Objekts, bedingt durch die Relationen zwischen den Teilelementen, die Beschaffenheit des Systems beeinflussen. Zur vollständigen Beschreibung des Zustands eines Systems werden Zustandsgrößen verwendet, die voneinander unabhängig sind.

Die Zielsetzung der Simulation besteht darin, dynamische Systeme, die zeitlichen Veränderungen unterliegen, zu analysieren und durch die Abbildung in einem Modell beschreibbar und vor allem prognostizierbar zu machen. Durch wiederholte Durchführung von Simulationen und der Interpretation der Ergebnisse bezüglich Zustand und Verhalten des Systems kann das Modell als Abbild der Realität weiter verbessert werden, um bessere Lösungen und Vorhersagen für ein bestimmtes Problem finden zu können.

1.2 Arten der Simulation

Verfahren der Simulation können unter anderem in Bezug auf die verfügbaren Daten und Entscheidungsregeln differenziert werden. Auf der einen Seite existiert dann die *deterministische Simulation*, bei der alle Daten und Regeln bekannt und eindeutig sind. Das resultierende Modell bildet konstante Systemelemente und Relationen ab, es unterliegt keinerlei stochastischen Schwankungen von Parameterkonfigurationen. Der Zustand eines solchen Modells ist bei bekannten Startwerten jederzeit eindeutig vorhersehbar, was vor allem bei komplexen Systemen offensichtlich nicht der Fall sein kann, da möglicherweise auftretende zufallsbedingte Störgrößen und bestimmte Wechselwirkungen der Teilelemente für gewöhnlich nicht exakt identifiziert werden können. Im Gegensatz dazu sind die Systemeigenschaften und -relationen bei der *stochastischen Simulation* von zufälliger Natur. Exemplarisch sei hier das Warteschlangenproblem genannt, bei dem die Ankunftszeiten und somit die Bedienungszeiten willkürlich sind. Daher müssen vor Beginn einer solchen Simulation die Wahrscheinlichkeitsverteilungen der Eingabedaten empirisch bestimmt werden. Aus diesem Umstand ergibt sich weiterhin, dass der Zustand des Modellsystems nicht zu jedem beliebigen Zeitpunkt bestimmt werden kann. Vielmehr muss auch hierfür eine angemessene Reihe von Simulationen mit verschiedenen Eingabewerten durchgeführt werden, aus denen sich eine Wahrscheinlichkeitsverteilung der Systemzustände ergibt. Wichtige Voraussetzung ist ein passender Zufallszahlengenerator, der die Daten entsprechend ihrer Verteilung erzeugt.

Im folgenden Abschnitt soll kurz dargestellt werden, wie dynamische Systeme mittels Modellen beschrieben werden können und wie die Umsetzung im Computer erfolgt, um Simulationen zum Zweck der Optimierung durchzuführen.

1.3 Modellierung dynamischer Systeme

Ein System wird als dynamisch bezeichnet, wenn es, wie bereits erwähnt, zeitlichen Veränderungen unterliegt. Zur Beschreibung solcher Systeme werden Modelle benutzt, deren wesentliche Zielsetzung in der vereinfachten Abbildung eines Ausschnitts aus der Realität besteht. Allerdings ist diese Abstrahierung meist eine sehr komplexe Aufgabenstellung, da ein geeigneter Kompromiss bezüglich Umfang und Detaillierungsgrad der benötigten Daten gefunden werden muss, sodass das Modell auf der einen Seite die Realität korrekt widerspiegelt, aber auf der anderen Seite nicht zu umfangreich wird. Der wesentliche Schritt bei der Modellierung komplexer Systeme ist demnach das Herausfiltern der relevanten Informationen und deren Abbildung. Weiterhin ist zu beachten, dass ein in der Realität dynamisches System auch im Modell zeitabhängigen Veränderungen unterliegen muss und nicht nur Informationen über Systemzustände umfasst.

Eine Untersuchung auf der Basis der Simulation kann mittels Modellen auf zwei Arten stattfinden:

1. *Black-Box-Ansatz*: Lediglich das Verhalten des Systems wird mit dem Modell rekonstruiert, das heißt das Modellsystem hat der Anforderung zu genügen, dass es die Verhaltensweise des Vorbilds aus der Realität zeigt. Jegliche Merkmale der inneren Beschaffenheit und Zusammensetzung sind nicht von Interesse, es wird ausschließlich ein Abbild des Systemverhaltens geschaffen. Dieser Ansatz wird auch als beschreibendes Modell bezeichnet.

2. *Glass-Box-Ansatz*: Hierbei geht es um die Konstruktion der inneren Wirkungsstruktur des Objekts aus der Realität, das heißt das System selbst und nicht nur dessen Verhalten wird abgebildet. Voraussetzung für ein solches Modell ist eine umfangreiche Untersuchung des nachzubildenden Objekts und Erkennung der wichtigen Elemente und Relationen, damit die anschließende Simulation bestenfalls Verhaltensweisen erzeugt, die dem des Originals entsprechen. Diese Herangehensweise wird auch erklärendes Modell genannt.

Simulationen, die mit Hilfe von Computern durchgeführt werden, folgen immer dem Glass-Box-Ansatz, wobei die Mathematik genutzt wird, um ein formales Modell zu erstellen, welches dann verarbeitet wird. Neben der Notwendigkeit der Modellerstellung ist es weiterhin erforderlich, dass bestimmte Beurteilungsgrößen, wie Beschränkungen, Gütemaße und Wichtungen, für alle wichtigen Systemgrößen existieren, damit die Ergebnisse bewertet werden können.

1.4 Optimierungsprobleme und Lösungsmöglichkeiten

Es wurde bereits einführend dargestellt, wie Objekte und Prozesse der Realität nachgebildet werden können und welche Schwierigkeiten diese Aufgabe nach sich ziehen kann. Im Folgenden soll gezeigt werden, wie die auf Modellen komplexer Systeme basierende Simulation dazu genutzt werden kann, Optimierungsprobleme zu lösen. Ein Optimierungsproblem umfasst, kurz gesagt, das Finden der besten Lösung aus allen möglichen Lösungen.

Viele solcher Probleme sind sowohl theoretisch als auch praktisch von großer Wichtigkeit und beruhen auf der Suche nach der optimalen Konfiguration einer Menge von Variablen. Es werden zwei wesentliche Kategorien unterschieden: die Lösungen können entweder durch reellwertige oder durch diskrete Variablen kodiert sein. Letztere beinhalten die Klasse der kombinatorischen Optimierungsprobleme, die an dieser Stelle betrachtet werden soll. Im Mittelpunkt dieser Art der Optimierung steht die Suche nach einem Objekt aus einer endlichen, oder abzählbar unendlichen, Menge, welches idealerweise die optimale Lösung darstellt. Dieses Objekt kann eine ganze Zahl, eine Teilmenge, eine Permutation oder auch eine Graphenstruktur sein. Nach Blum / Roli (2003, S.269) kann ein kombinatorisches Optimierungsproblem $P = (S, f)$ definiert werden durch:

- eine Menge von Variablen $X = \{x_1, x_2, ..., x_n\}$ und deren Definitionsbereiche $D_1, D_2, ..., D_n$;
- Beschränkungen beziehungsweise Nebenbedingungen zwischen den Variablen und
- eine zu minimierende Zielfunktion[1] $f : D_1 \times D_2 \times ... \times D_n \rightarrow \mathbb{R}^+$.

S bezeichnet den Such- oder Lösungsraum:

$$S = \{s = \{(x_1, v_1), (x_2, v_2), ..., (x_n, v_n)\} | v_i \in D_i, s \text{ } erfüllt \text{ } alle \text{ } Beschränkungen\} \quad (1.1)$$

Jedes Element dieser Menge kann als Lösungskandidat betrachtet werden. Ziel ist das Finden einer Lösung $s^* \in S$ mit minimalem Wert der Funktion f, das heißt

$$f(s^*) \leq f(s) \quad \forall s \in S, \quad\quad\quad\quad\quad (1.2)$$

wobei s^* das globale Optimum von (S, f) und $S^* \subseteq S$ die Menge aller globalen optimalen Lösungen bezeichnet.

---

[1] Die Maximierung einer Funktion f entspricht der Minimierung von -f.

Ein naiver Ansatz zur Lösung eines solchen Optimierungsproblems besteht darin, alle möglichen zulässigen Kombinationen zu konstruieren und sie anhand der Zielfunktion zu bewerten. Da dies offensichtlich bei steigender Problemgröße zu hohem Aufwand führen würde, bietet es sich an, Simulation und Optimierung zu verbinden. Das verwendete Simulationsmodell stellt den für die Optimierung notwendigen Zusammenhang zwischen den Input- und den Outputvariablen her, indem mit Hilfe der Resultate der Simulation die zu minimierende Zielfunktion berechnet wird und anhand dieser Ergebnisse die Entscheidungsvariablen wieder neu belegt und der Simulation übergeben werden. Dieser Kreislauf wird solange fortgesetzt, bis ein geeignetes Abbruchkriterium erfüllt ist, was nicht zwingend bedeutet, dass die optimale Lösung gefunden ist. Das in dieser Arbeit an späterer Stelle vorgestellte Simulated Annealing ist ein Vertreter der stochastischen Simulation, welcher exakt diese grundlegende Vorgehensweise umsetzt.

Aufgrund der praktischen Bedeutung kombinatorischer Optimierungsprobleme, zu denen beispielsweise das Rucksackproblem oder das Problem des Handlungsreisenden gehört, wurden in der Literatur viele verschiedene Algorithmen vorgeschlagen, die diese entweder vollständig oder näherungsweise zu lösen versuchen. Vollständig meint hier, dass garantiert für jede Instanz endlicher Größe in begrenzter Zeit ein Optimum gefunden wird. Werden jedoch Aufgabenstellungen betrachtet, die der Klasse der NP-vollständigen[2] Probleme angehören, so existiert bis heute kein deterministischer Algorithmus, der diese in polynomialer Zeit lösen kann. Solche Rechenmethoden benötigen meist exponentielle Rechenzeit, wobei der Exponent proportional zur Größe des Problems wächst, was für praktische Zwecke viel zu hoch ist. Aus diesem Grund rückte die Nutzung approximierender Verfahren immer mehr in den Vordergrund, die zwar die Garantie des Findens einer optimalen Lösung aufgeben, dafür aber gute Resultate in signifikant reduziertem Zeitumfang erzielen können. Solche Algorithmen, die der Simulation zur Lösung kombinatorischer Optimierungsprobleme dienen, werden Heuristiken genannt.

1.5 Heuristiken und Metaheuristiken

Der Begriff Heuristik bezeichnet die Kunst, mit wenig Wissen und eingeschränktem Zeitbudget zu guten Lösungen zu kommen. Diese Art der Problemlösung hat bereits eine lange und bedeutende Erfolgsgeschichte in der kombinatorischen Optimierung hinter sich gebracht und stellt häufig die einzige praktische Alternative im Umgang mit Probleminstanzen realistischer Dimensionen und Eigenschaften dar. Als Gründe seien vor allem die

---

[2] Die Abkürzung NP steht für nichtdeterministisch polynomial.

leichte und schnelle Implementierbarkeit sowie die hohe Robustheit genannt, weshalb sie kostengünstig entwickelt und auf eine breite Klasse von Problemen angewendet werden können.

Es existieren zwei grundlegende Strategien: *Divide-and-Conquer* und *iterative Verbesserung*. Erstere Vorgehensweise zerlegt das Problem in Teilprobleme, die idealerweise disjunkt sind, und löst diese unabhängig voneinander. Anschließend müssen die partiellen Ergebnisse zusammengeführt werden, um eine Lösung für das Gesamtproblem zu finden. Der zweite Ansatz beginnt mit einer bekannten Startkonfiguration und wendet dann eine standardisierte Operation zur Umordnung der Systemelemente an, bis eine Konfiguration entdeckt wird, welche die zugrunde liegende Kostenfunktion verbessert. Dieser Vorgang wird solange wiederholt, bis keine weiteren Verbesserungen gefunden werden können. Allerdings besteht bei diesen Methoden ein wesentlicher Nachteil darin, dass sie nach dem ersten gefundenen lokalen Optimum nicht fortfahren können, das heißt die Wahrscheinlichkeit sehr hoch ist, dass das globale Optimum nicht gefunden wird. Des Weiteren ist weder eine Abschätzung der Abweichung vom tatsächlichen Optimum noch eine dynamische Anpassung an spezielle Probleminstanzen möglich. Folglich entwickelten sich sogenannte moderne Heuristiken, auch bekannt als Metaheuristiken, die versuchen diese Mängel zu beseitigen. Im Prinzip ist diese Art eines approximierenden Algorithmus ein iterativer Prozess, welcher die Operationen untergeordneter problemspezifischer Heuristiken steuert und modifiziert, indem verschiedene Konzepte für die Untersuchung und Ausschöpfung des Suchraums kombiniert werden, um effizient hochqualifizierte Lösungen zu finden.

Verwendung finden derartige Problemlösungsmethoden in zahlreichen Disziplinen, wie Mathematik, Operations Research, künstliche Intelligenz, und in vielfältigen Anwendungsgebieten, wie Design, Planung und Betrieb komplexer Systeme in Bereichen wie Transport oder Telekommunikation; Verwaltung und Allokation knapper Ressourcen; Sprach- und Bilderkennung und einiges mehr. Als Beispiele für Metaheuristiken seien die Tabu-Suche, Ameisensysteme, neuronale Netze, genetische Algorithmen und Simulated Annealing genannt. Es ist leicht zu erkennen, dass viele dieser Methoden von der Natur inspiriert sind, weshalb sie auch als naturanaloge Verfahren bezeichnet werden. Wesentlicher Vorteil von Metaheuristiken ist, dass sie auf dem Weg zur optimalen Lösung Verschlechterungen des Zielfunktionswertes zulassen, um so eventuell lokale Optima zu verlassen und die Wahrscheinlichkeit des Findens des globalen Optimums zu erhöhen. Am Beispiel des Simulated Annealing soll später noch genauer gezeigt werden, wie dies umgesetzt wird und wie leistungsfähig ein solcher Lösungsweg ist. Es ist wichtig, dass stets ein

Gleichgewicht zwischen Diversifikation und Intensivierung angestrebt wird, um einerseits schnell Regionen des Suchraums mit hochqualitativen Lösungen zu identifizieren und andererseits nicht zu viel Zeit in Bereichen zu verschwenden, die bereits untersucht sind oder keine guten Lösungen liefern. Aus diesem Grund kombiniert und erweitert der Simulated-Annealing-Algorithmus die beiden grundlegenden heuristischen Strategien: Die Einführung eines Temperaturparameters ermöglicht es, Probleme verschiedener Größe abzutrennen, was eine angepasste Form des Divide-and-Conquer-Ansatzes darstellt. Weiterhin wird das Verfahren der iterativen Verbesserung angewendet, wobei jedoch temporäre Erhöhungen der Zielfunktionswerte erlaubt werden, wodurch lokale Minima zugunsten des globalen Optimums verlassen werden können.

Allerdings bleibt zu beachten, dass trotz des Aufgebens der Lösungsgenauigkeit zu Gunsten der Zeit, diese Herangehensweise bei größeren Problemdimensionen schnell viel Rechenzeit in Anspruch nimmt. Um diesem Nachteil entgegen zu wirken, wurden zahlreiche Ansätze zur Parallelisierung von Metaheuristiken entwickelt, die im Zusammenhang mit Simulated Annealing noch vorgestellt werden sollen und einen effizienten Weg bieten, um die Laufzeit signifikant zu verkürzen.

Im folgenden Abschnitt erfolgt eine kurze Erklärung des Traveling-Salesman-Problems, bevor das Prinzip der Monte-Carlo-Simulation und der Simulated-Annealing-Algorithmus vorgestellt und auf dieses Problem angewendet werden sollen. Da, wie bereits erwähnt, sequentielle Methoden meist nicht ausreichen, um praktisch relevante Problemgrößen zu bearbeiten, sollen im Anschluss Möglichkeiten und Schwierigkeiten der Parallelisierung von Simulated Annealing gezeigt werden, wobei das Hauptaugenmerk auf den Ansatz des Speculative Computation gerichtet sein soll, welches einen effizienten Weg zur Verkürzung der Rechenzeit darstellt ohne die Vorteile der seriellen Implementierung aufzugeben.

1.6 Das Traveling-Salesman-Problem als klassisches Beispiel eines kombinatorischen Optimierungsproblems

Das Traveling-Salesman-Problem ist eines der bekanntesten und am besten untersuchtesten kombinatorischen Optimierungsprobleme, da es sehr einfach erklärt werden kann. Grundsätzlich geht es um einen Handlungsreisenden, der in einer Rundreise n vorgegebene Städte besuchen soll, wobei er jede Stadt genau einmal passiert und letztendlich wieder am Startpunkt angelangt. Diese Route muss so geplant werden, dass die Gesamtlänge minimiert wird, wobei anstelle von Entfernungen in diesem Zusammenhang natürlich auch Reisezeiten oder -kosten betrachtet werden können. Diese Aufgabe, welche zur Klasse der

NP-vollständigen Probleme gehört, tritt in der Praxis sehr häufig auf, zum Beispiel in der Verkehrsplanung, Logistik oder beim Entwurf integrierter Schaltungen. Die Anzahl der Möglichkeiten für die Gestaltung der Rundreise wächst exponentiell mit der Anzahl der Städte und lässt sich unter Verwendung der symmetrischen Form des Traveling-Salesman-Problems wie folgt ausdrücken:

$$\frac{(n-1)!}{2} \tag{1.3}$$

Beispielhaft bedeutet dies bei 10 Städten: 181440 mögliche Kombinationen; bei 15 Städten steigt die Zahl der Möglichkeiten bereits auf $6{,}54 \times 10^{11}$. Es ist leicht zu sehen, dass die naive Methode des Durchprobierens aller erdenklicher Lösungen einen riesigen Rechenaufwand und demnach enorm viel Zeit in Anspruch nehmen würde. Hier können Metaheuristiken effizient Abhilfe schaffen, wobei zu beachten ist, dass die kürzeste Route trotzdem nicht mit Sicherheit gefunden werden kann, da diese Methoden nur eine Annäherung an das Optimum versprechen. Eine formale Definition sowie die Anwendung des Simulated Annealing zur Lösung des Problems des Handlungsreisenden finden sich im Kapitel 2.4 dieser Arbeit.

2 Der Zufall und die Physik - der Weg des Simulated Annealing

In diesem Abschnitt soll gezeigt werden, wie sich die Methode des Simulated Annealing basierend auf zwei wichtigen Faktoren entwickelt hat: dem Zufall und der Physik. Ersteres bezieht sich auf die Monte-Carlo-Simulation, welche eine wichtige Grundlage zur Durchführung einer Simulation mittels Simulated Annealing bildet. Aus der Physik, insbesondere dem Gebiet der Thermodynamik, entsprang der Grundgedanke dieses Verfahrens, der erstmalig von Nicholas Metropolis 1953 aufgegriffen und mit Hilfe des Metropolis-Algorithmus formalisiert wurde. Im weiteren Verlauf der Forschung entwickelte sich auf Basis dieser Prozedur das Simulated Annealing, welches eine vielversprechende Methode zur Lösung kombinatorischer Optimierungsprobleme darstellt, die aus der Natur inspiriert wurde.

2.1 Monte-Carlo-Simulation: Numerik mit Zufall

Monte Carlo, bekannt durch das berühmte Casino an der Côte d'Azur, ist Sinnbild für das Glücksspiel mit über 1600 einarmigen Banditen und zahlreichen Spieltischen. Daher scheint es nicht verwunderlich, dass dieser Ort als Namenspate für eine Simulationstechnik fungiert, die auf der Nutzung von Zufallszahlen basiert. Bei diesem Verfahren werden mathematische oder physikalische Prozesse durch Zufallsexperimente nachgebildet. Die Idee, Berechnungsmodelle auf Basis von Zufallszahlen zu entwickeln, ist nicht neu - Ansätze für eine solche Vorgehensweise gab es bereits im 18. Jahrhundert. Allerdings begann erst in den 40er Jahren des vorigen Jahrhunderts die systematische Erforschung der theoretischen Grundlagen solcher Verfahren. Zu dieser Zeit nutzten beispielsweise Stanislaw Ulam, Nicholas Metropolis und John von Neumann, die in Los Alamos an der Entwicklung der Atombombe beteiligt waren, die Monte-Carlo-Methode zur Berechnung komplizierter Integrale. Ein einfaches und nachvollziehbares Beispiel zur Anwendung dieses Prinzips ist im Anhang (Anlage 1) beschrieben.

Berechnungen, die auf dem Zufall basieren, benötigen möglichst viel Zahlenmaterial, um verlässlich zu sein. Mit der steigenden Leistungsfähigkeit der Computer in den letzten Jahren wuchs daher die Bedeutung der Monte-Carlo-Simulation für praktische Anwendungen, da die effiziente Erzeugung einer großen Menge von Zufallszahlen viel Rechenleistung beansprucht. Besonders wichtig ist die Vernetzung von mehreren Rechnern zu sogenannten Computerclustern, die das Ziel verfolgt, die Rechenkapazität und Verfügbarkeit der einzelnen Computer zu steigern. Damit können heutzutage Rechenleistungen erreicht werden, die vor ein paar Jahren kaum vorstellbar waren.

Doch wie kann die Verwendung des Zufalls bei der Simulation dynamischer Modelle sowie der Lösung kombinatorischer Optimierungsprobleme helfen? Obwohl die Einbeziehung von Zufall auf den ersten Blick kontraproduktiv erscheint, kann festgestellt werden, dass unter bestimmten Bedingungen vorteilhafte Effekte erzielt werden können. Eine der Rollen des Zufalls in Verfahren der stochastischen Suche ist das Erlauben spontaner Bewegungen in noch nicht erforschte Gebiete des Such- oder Lösungsraums, welche möglicherweise einen unerwartet guten Wert für den aktuell zu betrachtenden Lösungskandidaten liefern. Damit kann der Zufall den notwendigen Anstoß liefern, um zum Beispiel auf der Suche nach dem globalen Optimum aus einem lokalen zu entkommen. Wie in 1.5 erklärt wurde, ist das Verharren in lokalen Optima ein häufiges und nur schwer lösbares Problem heuristischer Methoden, weshalb die Verbindung von Heuristiken und Monte-Carlo-Verfahren einen möglichen Ausweg darstellt. Dass diese Kombination zu funktionieren scheint, zeigt der Erfolg des Simulated Annealing.

Im folgenden Abschnitt soll nun dargestellt werden, wie der zweite wichtige Faktor die Entwicklung des Simulated Annealing beeinflusst(e) - die Physik.

2.2　Statistische Mechanik und der Metropolis-Algorithmus

Simulated Annealing wird üblicherweise nachgesagt, es sei die älteste unter den Metaheuristiken und einer der ersten Algorithmen, die über eine explizite Strategie verfügten, um aus einem lokalen Optimum zu entkommen. Die Ursprünge dieses Verfahrens liegen in der statistischen Mechanik, welche die theoretische und experimentelle Analyse zahlreicher, fundamentaler Eigenschaften von Systemen vieler Teilchen beschreibt und heutzutage oft mit der statistischen Thermodynamik gleichgesetzt wird. Ausgangspunkt ist die prinzipielle Überlegung, dass ein makroskopisches System aus sehr vielen einzelnen Teilchen besteht, deren Zustand zum einen unbekannt und zum anderen zeitlich variabel ist.

In Anlehnung an Černý (1985) und Kirkpatrick et al. (1983) sollen die grundlegenden Prinzipien im Folgenden anhand eines Beispiels beschrieben werden. Zunächst wird ein eindimensionales Gitter betrachtet, wobei sich an jedem Punkt dieses Gitters ein kleiner Pfeil befindet, der in genau zwei Zuständen existieren kann: nach oben oder nach unten zeigend (siehe Abbildung 2).

Abbildung 2: eindimensionales Gitter [Černý, 1985, S.43]

Wenn das Gitter N Punkte hat, dann gibt es 2^N Möglichkeiten für die Anordnung der Orientierung der Pfeile, also gibt es 2^N mögliche Konfigurationen des Systems. Weiterhin soll angenommen werden, dass das System in jedem Zustand eine definierte Energie besitzt, die für unterschiedliche Konfigurationen nicht notwendigerweise verschieden sein muss. Es gilt zum Beispiel:

$$E = B(n_+ - n_-) \tag{2.1}$$

wenn $n_+(n_-)$ die Anzahl der Pfeile ist, die nach oben (unten) zeigen, und B eine Konstante. Die physikalische Praxis hat gezeigt, dass große Systeme dieser Art sich spontan dem Gleichgewichtszustand nähern, häufig ungeachtet der Ausgangskonfiguration. Allerdings ist dieses thermische Gleichgewicht keinesfalls eine statische Situation. Vielmehr verändert das System zufällig seinen Zustand, meist aufgrund von Interaktionen mit der Umgebung, von einer möglichen Konfiguration in eine andere so, dass die Wahrscheinlichkeit p_s das System in einem bestimmten Zustand s zu finden, gegeben ist durch die *Boltzmann-Gibbs-Verteilung*:

$$p_s = \frac{1}{Z} e^{\frac{-E(s)}{k_B T}} \tag{2.2}$$

Der Gewichtungsfaktor, der die Wahrscheinlichkeit bestimmt, dass sich ein System im thermodynamischen Gleichgewicht bei Temperatur T im Zustand s befindet, ist der sogenannte *Boltzmann-Faktor*:

$$e^{\frac{-E(s)}{k_B T}} \tag{2.3}$$

wobei k_B die Boltzmann-Konstante bezeichnet und $E(s)$ die Energie des Zustandes s. Der Boltzmann-Faktor an sich stellt noch keine Wahrscheinlichkeit dar, da er noch nicht normalisiert ist. Daher wird der Normalisierungsfaktor $\frac{1}{Z} > 0$ hinzugefügt, wobei Z die sogenannte Zustandssumme bezeichnet, das heißt die Summe aller Boltzmann-Faktoren für alle Zustände des Systems. Nun kann unter Verwendung eines Computers das Verhalten des Systems modelliert werden, indem mit Hilfe eines geeigneten Monte-Carlo-Algorithmus die zufällige Änderung des Zustands von einer Konfiguration in eine andere simuliert wird. Wenn diese Simulation mit einer willkürlichen Konfiguration gestartet wird, kann der

Gleichgewichtszustand nach einer vernünftigen Anzahl von Monte-Carlo-Durchläufen erreicht werden. Erkennbar wird dies, wenn die Energie der generierten Konfigurationen beginnt um einen bestimmten Wert zu schwanken.

Zusammenfassend lässt sich sagen, dass sich große Systeme bei gegebener Temperatur spontan dem Gleichgewichtszustand annähern, welcher charakterisiert ist durch einen bestimmten Mittelwert der Energie, der von der Temperatur abhängt. Durch die Simulation des Übergangs zum Gleichgewicht und die Verringerung der Temperatur können immer kleinere Werte der mittleren Energie des Systems gefunden werden. Dies ist auch die grundlegende Vorgehensweise des Simulated Annealing, um zum Beispiel für das Traveling-Salesman-Problem näherungsweise Lösungen zu finden. Die mittlere Energie entspricht der Länge der Rundreise, die minimiert werden soll. Die Verwirklichung der mathematischen Analogie zwischen Optimierungsproblemen, insbesondere dem Traveling-Salesman-Problem, und thermodynamischen Systemen soll später noch genauer aufgezeigt werden.

Zu Beginn dieses Kapitels wurde erwähnt, dass das Simulated Annealing von der Natur inspiriert wurde. Der physikalische Prozess, der diesem Algorithmus zugrunde liegt, ist das Verhalten von abkühlenden Substanzen. Allerdings gibt es kein deutsches Wort, das dem englischen ‚annealing' exakt entspricht. Der Begriff könnte in etwa mit „Erhitzen und dann langsam Abkühlen" erfasst werden. Dies wird zum Beispiel am Ausglühungsprozess von Metallen deutlich, bei dem die Metalle zunächst in einem Wärmebad erhitzt und zum Schmelzen gebracht und dann wieder langsam abgekühlt werden. Zu Beginn sind die Atome des Metalls in einem festen Gitter eingebunden. Bei steigender Temperatur während des Erhitzens wird diese ursprüngliche Struktur zerstört, denn die Atome beginnen sich aus ihren Bindungen zu lösen und zu bewegen. Im flüssigen Zustand, also im geschmolzenen Metall, haben die Atome dann willkürliche Positionen und verfügen über eine hohe Mobilität, das heißt sie können sich nahezu frei bewegen. Wird die Substanz anschließend langsam abgekühlt, suchen sich die Teilchen neue Bindungen, wobei sie sich oft regelmäßiger verteilen als vorher, sodass eine Art kristallförmiger Aufbau entsteht. Diese ausgerichtete Struktur entspricht dann dem minimalen Energiezustand des Systems. Der entscheidende Punkt in diesem Prozess ist das langsame Abkühlen des Metalls, denn ein zu schnelles Senken der Temperatur würde einem extremen „Abschrecken" von hohen Temperaturen auf 0 entsprechen, was als „Quenching" bezeichnet wird. In diesem Fall wird die Abkühlung schneller durchgeführt als die Atome ein thermisches Gleichgewicht bei jeder Temperaturstufe erreichen können. Daher ist es wichtig, dass zwischenzeitlich auch Erhöhungen der Energie akzeptiert werden. Dies kann anschaulich an einem kleinen

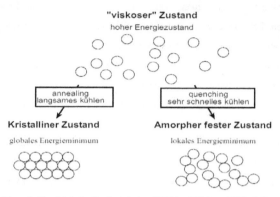

Abbildung 3: Vergleich der Zustände beim Abkühlen [Wolters, 2007, S.5]

Versuch erklärt werden: Werden einige Kugeln willkürlich in ein Gefäß geworfen, so liegen sie zu Beginn wahrscheinlich sehr unordentlich verteilt. Um sie zu ordnen, könnte das Gefäß geschüttelt werden. Dies würde die Unordnung zunächst erhöhen, denn die Kugeln fliegen konfus durcheinander. Wenn der Vorgang stetig verlangsamt wird, dann ordnen sie sich ganz von selbst. Wird das Schütteln jedoch allzu plötzlich abgebrochen, werden sie noch relativ chaotisch und nicht ganz dicht beieinander liegen bleiben. Abbildung 3 verdeutlicht die verschiedenen Zustandsveränderungen, wenn die Abkühlung langsam (Annealing) oder sehr schnell (Quenching) erfolgt.

Das grundlegende Prinzip hinter dem Simulated Annealing ist das langsame Abkühlen von Substanzen, um in einem thermischen Gleichgewicht den minimalen Energiezustand zu erreichen. Nun muss dieser Grundgedanke auf die Optimierung übertragen werden. Dies geschieht im Wesentlichen dadurch, dass der Energiezustand sinnbildlich auf eine zu minimierende Zielfunktion abgebildet wird. Damit kann analog dem Verfahren in der Natur zur Minimierung der mittleren Energie eines Systems im thermischen Gleichgewicht folglich der Zielfunktionswert eines kombinatorischen Optimierungsproblems minimiert werden. Wie im physikalischen Abkühlungsprozess, der während der Anordnung der Atome temporäre Zustände höherer Energie erlaubt, akzeptiert auch Simulated Annealing temporäre Erhöhungen der Werte der Zielfunktion, da dies helfen kann, lokale Minima zu verlassen und so das globale Optimum zu erreichen. Die kritische Komponente des Algorithmus ist die mathematische Analogie zur Abkühlungsgeschwindigkeit physikalischer Prozesse, denn die Wahl dieses implementierungs- und problemspezifischen Abkühlungsschemas hat starke Auswirkungen auf Erfolg oder Misserfolg der Simulation.

Der Hauptunterschied des Simulated Annealing gegenüber der Mehrheit der anderen Op-timierungsansätze ist die Bereitschaft eine schnelle Verminderung der Zielfunktion aufzu-geben, indem die Möglichkeit temporärer Werterhöhungen erlaubt wird. Diese Eigenschaft erhält der Algorithmus durch die Boltzmann-Gibbs-Verteilung (2.2) der statistischen Me-chanik, die eine Wahrscheinlichkeitsverteilung für Systeme mit bestimmten diskreten Energiezuständen beschreibt. Die Optimierungsanalogie entsteht aus dem Fakt, dass selbst bei einer niedrigen Temperatur noch eine Wahrscheinlichkeit $\neq 0$ existiert, dass ein höhe-rer Energiezustand erreicht wird. Der Simulated-Annealing-Prozess geht also manchmal aufwärts, aber die Wahrscheinlichkeit eines Aufwärts-Schrittes verringert sich mit sinken-der Temperatur, wie Abbildung 4 beispielhaft verdeutlicht. Es gibt folglich eine Möglich-keit ein lokales zu Gunsten eines globalen Minimums zu verlassen, was vor allem in den frühen Iterationen hervorsticht, wenn die Temperatur noch hoch ist.

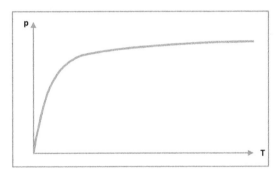

Abbildung 4: Verlauf der Akzeptanzwahrscheinlichkeit

Die erstmalige Einführung der auf der Boltzmann-Gibbs-Verteilung basierenden Idee in die numerische Analyse stammt von Metropolis et al. (1953) durch die Konstruktion eines Vorgehens für die Simulation eines Systems bei fester Temperatur T. Der sogenannte *Met-ropolis-Algorithmus* beschreibt den Wahrscheinlichkeitsschritt in der Evolution eines Sys-tems von einer Konfiguration zu einer anderen. Für das System wird angenommen, dass es sich im Zustand s befindet mit der Energie E(s) bei Temperatur T zur Zeit t. Durch eine Monte-Carlo-Methode wird dann für den Zeitschritt t+1 eine neue Konfiguration s_{new} gene-riert. Ob der neue Zustand s_{new} akzeptiert wird, ist abhängig von der Energiedifferenz

$$\Delta E = E(s_{new}) - E(s). \tag{2.4}$$

Wenn $\Delta E \leq 0$, wird die neue Konfiguration s_{new} mit geringerer beziehungsweise gleicher Energie akzeptiert und als Startpunkt für den nächsten Schritt des Algorithmus verwendet. Andernfalls wird s_{new} mit der Wahrscheinlichkeit

$$1 - e^{\frac{-\Delta E}{k_B T}} \tag{2.5}$$

abgelehnt. Eine detailliertere Beschreibung des Metropolis-Algorithmus ist in Abbildung 5 dargestellt. Die Prozedur ist parametrisiert durch drei Argumente: der aktuelle Systemzustand wird wieder mit s bezeichnet, die aktuelle Temperatur ist T und der Parameter m kontrolliert die Anzahl der Durchläufe zur Einstellung des Gleichgewichts. Weiterhin werden die stochastischen Elemente der Simulation mit Hilfe von zwei Funktionen verwirklicht: Perturb(s) gibt eine modifizierte Systemkonfiguration zurück und $\chi_{[0,1]}$ liefert eine normalverteilte Zufallszahl im Intervall von 0 bis 1, die anschließend mit dem sogenannten *Metropolis-Kriterium*

$$e^{\frac{-\Delta E}{k_B T}} \tag{2.6}$$

verglichen wird.

In diesem Abschnitt wurde gezeigt, dass die grundlegende Vorgehensweise des Simulated Annealing von den Prinzipien der statistischen Mechanik sowie der Thermodynamik entstammt. Dazu wurde anhand eines Beispiels die Boltzmann-Gibbs-Verteilung eingeführt, die dieser Methode die Eigenschaft verleiht, temporäre Erhöhungen des Zielfunktionswertes zu erlauben und so den entscheidenden Vorteil gegenüber anderen Metaheuristiken liefert. Der nächste Schritt auf dem Weg zur Vervollständigung des in dieser Arbeit fokussierten Algorithmus ist die obige Darstellung der Metropolis-Prozedur. Diese simuliert das Verhalten eines Systems, welches bei feststehender Temperatur T versucht ein thermisches Gleichgewicht zu erreichen. Damit sind alle Voraussetzungen geschaffen, um im Folgenden den Simulated-Annealing-Algorithmus zu präsentieren.

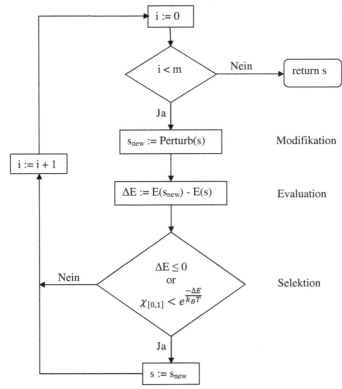

Abbildung 5: Metropolis-Algorithmus [Berthold / Hand, 2003, S.356]

2.3 Die Vielfalt des Simulated Annealing: der Algorithmus und seine Parameter

Aufgrund des Ursprungs in der Thermodynamik und der statistischen Mechanik ist das Simulated Annealing ein allgemein gültiger Algorithmus, der zur Lösung vieler kombinatorischer Optimierungsprobleme genutzt werden kann. Deshalb soll zunächst die grundlegende Struktur erklärt werden, bevor eine Diskussion der wichtigsten Parametereinstellungen und möglichen Probleme erfolgt. Im letzten Teil dieses Abschnitts folgt dann die Anwendung des Simulated Annealing auf das Traveling-Salesman-Problem.

2.3.1 Der Simulated-Annealing-Algorithmus

Es wurde bereits gezeigt, welcher physikalische Prozess beim Simulated Annealing nachgebildet wird und wie diese Analogie hilft, kombinatorische Optimierungsprobleme zu lösen. Daher wird der Fokus nun hauptsächlich auf der Umsetzung dieses Verfahrens im Computer liegen.

Eine typische Implementierung des Simulated-Annealing-Algorithmus besteht im Wesentlichen aus zwei verschachtelten Schleifen. Die äußere Schleife kontrolliert die Temperatur basierend auf dem sogenannten Abkühlungsplan, während die innere Schleife für den gegebenen Temperaturwert wiederholend die folgenden drei Schritte durchführt:

1. Vorschlag des nächsten möglichen Lösungskandidaten s_{new},

2. Bewertung der vorgeschlagenen Lösung unter Verwendung des Bewertungskriteriums und

3. Entscheidung, ob s_{new} als neue Lösung akzeptiert oder zurückgewiesen wird.

Abbildung 6 zeigt solch eine typische Implementierung eines allgemeinen Simulated-Annealing-Algorithmus in Pseudocode. Das ursprüngliche Metropolis-Kriterium wurde modifiziert, indem die Temperatur T und die Boltzmann-Konstante k_B zu einem neuen Kontrollparameter T zusammengefasst wurden. Dies ist eine häufig zu findende Vereinfachung, die den Verlauf der Simulation im Allgemeinen nicht beeinflusst.

```
0.Initialisierung: Erzeugung einer Ausgangslösung s und Wahl
der Anfangstemperatur T
WHILE (T > T_min)
    FOR (Iterationen i bis maximale Anzahl Iterationen m)
        1.Kandidatenauswahl: Generierung eines Lösungskandidaten s_new
        2.Bewertung: Berechnung des Zielfunktionswerts f(s_new) und
            Bilden der Differenz Δf = f(s_new) - f(s)
        3.Entscheidung:
            IF Δf ≤ 0: Setze s := s_new
            ENDIF
            IF Δf > 0:
                Generiere eine Zufallszahl z ∈ [0,1]
                IF e^(-Δf/T) > z: Setze s := s_new
                ENDIF
            ENDIF
    ENDFOR
    Aktualisierung der Temperatur T
ENDWHILE
```

Abbildung 6: Pseudocode Simulated-Annealing-Algorithmus

Es ist leicht zu sehen, dass das Geheimnis des Simulated Annealing lediglich darin besteht, den Metropolis-Algorithmus für sinkende Temperaturen zu wiederholen. Der gewählte Abkühlungsplan, also die Vorschrift, nach der bei jedem Durchlauf der äußeren Schleife der Wert der Temperatur gesenkt wird, ist deshalb ein enorm wichtiger Bestandteil für die erfolgreiche Lösung beziehungsweise möglichst genaue Annäherung an die optimale Lösung eines Optimierungsproblems. Die verschiedenen Möglichkeiten zur Wahl des „Cooling Schedule" werden im Abschnitt 2.3.2 diskutiert. Neben dem Verlauf des Kontrollpa-rameters T müssen noch weitere Elemente individuell angepasst werden: Startlösung und -temperatur, Lösungskandidatengenerierung, Durchläufe / Iterationen je Temperatur, Ab-bruchkriterium sowie die Zielfunktion zur Bewertung eines Lösungskandidaten.

2.3.2 Die Wahl der Parameter

Ein wichtiger Einflussfaktor für den Erfolg des Optimierungsprozesses ist der Abküh-lungsplan, der beschreibt, mit welchem Wert der Temperaturparameter T initialisiert wer-den soll, nach welchem Schema T verringert wird und wie viele Iterationen während jeder Gleichgewichtsphase durchlaufen werden. Eine häufig genutzte Variante, die sehr einfach zu implementieren ist, beschränkt die Iterationsanzahl der inneren Schleife mit einer vorab gewählten Konstante m und vermindert T entsprechend dem geometrischen Gesetz

$$T(k) = \alpha * T(k - 1) \qquad mit \ 0 < \alpha < 1, \qquad (2.7)$$

wobei k den aktuellen Iterationsschritt der äußeren Schleife bezeichnet. Der Wert von α liegt typischerweise im Bereich 0,8 bis 0,99. Wenn die Starttemperatur T_0 hoch ist, wird praktisch jede neue Lösung akzeptiert, wodurch eine vorschnelle Annäherung in Richtung einer spezifischen Region innerhalb des Suchraums vermieden werden kann. Auf der Su-che nach dem Optimum ist der Algorithmus so in der Lage, aus lokalen Extrema zu ent-kommen, da - mit einer bestimmten Wahrscheinlichkeit - gute Zwischenpositionen „ver-gessen" werden. Um die Auswirkungen des Temperaturparameters T zu veranschaulichen, hilft eine Betrachtung der Grenzfälle: Strebt der Wert von T gegen 0, dann strebt auch die Akzeptanzwahrscheinlichkeit für $\Delta f > 0$ gegen 0, das heißt es werden kaum noch Ver-schlechterungen akzeptiert. Auf der anderen Seite führt eine gegen unendlich tendierende Temperatur zu einer Akzeptanzwahrscheinlichkeit von 1, wodurch die Suche rein zufällig verläuft.

Weiterhin können unter anderem folgende Formen von Abkühlungsschemata unterschie-den werden:

- *Konstant*: Für jeden Durchlauf der äußeren Schleife wird eine konstante Tempera-tur T bestimmt, für die dann m Iterationen ausgeführt werden.

- *Arithmetisch*: Die Temperatur wird nach jedem Durchlauf der äußeren Schleife um einen konstanten Wert c reduziert. Es ist zu beachten, dass die Anfangstemperatur

T_0 genügend hoch gewählt wird, um zu verhindern, dass T am Ende aller Iterationen einen negativen Wert annimmt.

– *Logarithmisch*: Dieser Abkühlungsplan verwendet beispielsweise folgendes logarithmische Gesetz:

$$T(k) = \frac{T_0}{\log(k+2)}. \qquad (2.8)$$

Eine andere Vorgehensweise für das schrittweise Senken des Temperaturparameters T ist die Variation der Abkühlungsregel während der Suche, womit das Ziel verfolgt wird, eine Balance zwischen Diversifikation und Intensivierung herzustellen. T könnte beispielsweise zu Beginn je um einen konstanten Wert sinken, während die Abkühlung in einer späteren Phase dem geometrischen Gesetz folgt. Ebenfalls interessant sind nichtmonotone „Cooling Schedules", die durch alternierende Phasen der Abkühlung und Erhitzung gekennzeichnet sind.

Ein weiterer wichtiger Parameter des Simulated Annealing, der zu Beginn festgelegt werden muss, ist die Ausgangslösung. Diese kann entweder zufällig gesetzt oder mit Hilfe einer geeigneten Heuristik generiert werden. Die Startlösung sowie die Zielfunktion und die Methode zur Lösungskandidatengenerierung sind problemspezifisch anzupassende Elemente, die sich meist aus dem betrachteten Optimierungsproblem ergeben. Beim Traveling-Salesman-Problem gibt es zum Beispiel mehrere Möglichkeiten, wie aus der aktuellen Lösung ein neuer Lösungskandidat erzeugt wird und die Zielfunktion ergibt sich einfach aus der Berechnung der Länge der Route, mit dem Ziel diese so kurz wie möglich zu gestalten. Schlussendlich muss noch ein geeignetes Abbruchkriterium gefunden werden. Dazu bietet es sich an, eine Temperaturschwelle T_{min} nahe 0 festzulegen, bei deren Unterschreiten der Algorithmus terminiert. Außerdem könnte die Suche beendet werden, wenn eine gewisse Zeit lang keine Verbesserung mehr erzielt wurde.

Es sollte an dieser Stelle nicht unerwähnt bleiben, dass es keine allgemeingültigen Regeln zur richtigen Wahl der Parameter gibt. Vielmehr muss situationsspezifisch entschieden und getestet werden, um für ein spezielles Optimierungsproblem die geeigneten Parametereinstellungen zu finden.

2.3.3 Konvergenzgeschwindigkeit versus Genauigkeit

Die Konvergenz des Simulated Annealing kann mit Hilfe der Markov-Ketten-Theorie bewiesen werden. Eine endliche homogene Markov-Kette bezeichnet eine Sequenz von Zuständen, bei der die Wahrscheinlichkeit eines Übergangs in einen bestimmten neuen Zustand nur vom gegenwärtigen Zustand abhängt und nicht durch die vorherigen beeinflusst ist. Da diese Übergangswahrscheinlichkeit beim Simulated-Annealing-Algorithmus zusätzlich unter anderem durch die iterationsabhängige Temperatur T beeinflusst ist, liegt in diesem Fall eine inhomogene Markov-Kette vor. Für eine homogene Markov-Kette lässt sich zeigen, dass sie unter speziellen Voraussetzungen gegen eine stationäre Verteilung konvergiert, welche ausschließlich Zustände umfasst, die optimalen Lösungen entsprechen. Eine solche Konvergenzaussage kann unter bestimmten Bedingungen an den Verlauf der Temperatur auch für inhomogene Markov-Ketten bewiesen werden, wobei allerdings zu beachten ist, dass die zum Nachweis der Gültigkeit notwendige Anzahl von Iterationen so hoch ist, dass damit beim Simulated Annealing eine exponentielle Rechenzeit entstehen würde. Aus diesem Grund ist die Anwendung beschleunigter Abkühlungspläne, wie sie im vorhergehenden Abschnitt dargestellt wurden, für praktische Zwecke sinnvoll. Damit kann die benötigte Zeit zum Finden einer Lösung verkürzt werden, auch wenn dies bedeutet, dass nicht mehr nachweisbar die optimale Lösung, sondern im ungünstigsten Fall nur eine Annäherung, gefunden werden kann. Diese Abwägung zwischen Konvergenzgeschwindigkeit und Genauigkeit bleibt dem Anwender bei der Wahl der Parametereinstellungen überlassen.

2.3.4 Problemfelder

Die Stärken des Simulated-Annealing-Algorithmus liegen in seiner Robustheit, dem geringen Implementierungsaufwand und dem Fakt, dass diese Metaheuristik theoretisch bereits sehr gut untersucht ist. Außerdem gehört dieses allgemeingültige Verfahren zu den wenigen Methoden, die zur näherungsweisen Lösung NP-vollständiger Optimierungsprobleme angewandt werden können. Aber diesen Stärken stehen auch Schwächen gegenüber.

Zum einen besteht die beunruhigende Tatsache, dass das Simulated Annealing in seiner typischen Form kein besonders cleveres Optimierungsschema ist: es ist blind für das globale Optimum und kann es nur finden, um es im nächsten Iterationsschritt auf der Suche durch den kompletten Lösungsraum und totaler Ignoranz der Qualität der Lösung zu verlassen. Dies führte zu viel Kritik an der Methode und ein großer Bereich der Forschung wurde verwendet, um die Grenzen dieses Algorithmus aufzuzeigen. Verbesserungen der Implementierung sind jedoch häufig offensichtlich und leicht zu implementieren. Als Beispiel sei hier die Möglichkeit genannt, die Spur der besten Lösung zu verfolgen, die bis zur aktuellen Iteration gefunden wurde.

Zum anderen kann, wie bereits gezeigt, bei der Anwendung des Simulated Annealing auf ein komplexes kombinatorisches Optimierungsproblem das Finden der optimalen Lösung nicht garantiert werden. Allerdings kann bewiesen werden, dass der Algorithmus unter bestimmten Bedingungen gegen das globale Optimum konvergiert, was enorm viel Rechenzeit in Anspruch nehmen würde. Da dies nicht dem Ziel approximierender Methoden entspricht, möglichst gute Lösung für komplexe Optimierungsprobleme in signifikant reduzierter Zeit zu finden, muss bei der Wahl der einzelnen Parameter zwischen Geschwindigkeit und Genauigkeit abgewogen werden. Doch selbst bei Reduktion der Ansprüche an die Exaktheit der Lösung bleibt zu beachten, dass die Vorgehensweise des Simulated Annealing bei wachsender Problemgröße häufig zu erheblichem Zeitaufwand führt. Es sieht demzufolge danach aus, als ob die Konvergenzeigenschaften dieses Algorithmus nur von wissenschaftlichem oder mathematischem Standpunkt aus attraktiv sind, und dass sein praktischer Nutzen als Optimierungsschema häufig übertrieben dargestellt wird. Daher konzentrierten sich viele Bemühungen der Forschung darauf, Möglichkeiten zu finden, wie der enorme Aufwand an Rechenzeit verringert und damit die praktische Relevanz der Anwendung dieses Verfahrens gesteigert werden könnte. Neben Veränderungen am Ablauf des eigentlichen Algorithmus stand vor allem die Parallelisierung im Fokus. Bevor dieser Ansatz im Kapitel 3 dieser Arbeit diskutiert wird, soll allerdings die Anwendung des Simulated Annealing auf das Problem des Handlungsreisenden thematisiert werden.

2.4 Anwendung des Simulated Annealing auf das Problem des Handlungs-reisenden

Um den Simulated-Annealing-Algorithmus auf ein kombinatorisches Optimierungsproblem anwenden zu können, werden vier Elemente benötigt:

1. eine Beschreibung S möglicher Konfigurationen s des Systems,

2. ein Mittel zur Erzeugung zufälliger Änderungen in der Konfiguration,

3. eine quantitative Zielfunktion f(s) in Analogie zur Energie eines thermodynamischen Systems und

4. einen Kontrollparameter T in Analogie zur Temperatur sowie einen Abkühlungsplan, der beschreibt, wie T im Verlauf der Simulation verringert wird.

Unter Verwendung dieser Analogien kann das Verfahren des Simulated Annealing einfach zur Lösung solcher Optimierungsaufgaben genutzt werden, was nachfolgend am Problem des Handlungsreisenden gezeigt werden soll, welches in Abschnitt 1.6 bereits einführend betrachtet wurde. An dieser Stelle soll dieses wohl bekannteste Optimierungsproblem zunächst formal definiert werden:

Bei gegebener Anzahl von n Städten und einer $(n \times n)$-Distanzmatrix $D = \{(d_{ij})\}$ besteht das Ziel darin, den kürzesten Pfad zu finden, der alle Städte genau einmal besucht und schlussendlich zum Ausgangspunkt zurückkehrt. Die Elemente d_{ij} der Distanzmatrix beinhalten die Reisekosten $c(i,j)$ zwischen zwei Städten i und j, das heißt im häufigsten Fall ihre Entfernung voneinander. Der Such- beziehungsweise Lösungsraum S sowie die Zielfunktion $f(s)$ des Traveling-Salesman-Problems sind folgendermaßen zu definieren:

$$S = \{Permutationen\ s\ von\ \{1,..,n\}\} \tag{2.9}$$

$$f(s) = \sum_{i=1}^{n-1} c\big(s(i), s(i+1)\big) + c\big(s(n), s(1)\big) \quad \forall\ s \in S \tag{2.10}$$

Eine mögliche Lösung oder eine Tour durch alle Städte ist eine Permutation von n Elementen und die Zielfunktion berechnet jeweils die Summe der Distanzen zwischen den n Städten in Abhängigkeit von ihrer Reihenfolge entsprechend der aktuellen Permutation. Des Weiteren soll hier nur der Fall betrachtet werden, dass eine symmetrische Probleminstanz vorliegt, das heißt es gilt

$$c(i,j) = c(j,i) \quad \forall\ i,j. \tag{2.11}$$

Mit Hilfe dieser Definitionen sind die notwendigen Voraussetzungen geschaffen, um das Traveling-Salesman-Problem als ein mit Simulated Annealing lösbares Problem zu formulieren:

1. Eine Konfiguration entspricht einer Permutation s der Zahlen 1 bis n, welche als die Reihenfolge der Städte in der Tour interpretiert wird. Die Entfernungen zwischen den einzelnen Städten sind bekannt beziehungsweise berechenbar.

2. Die Generierung neuer Lösungskandidaten erfolgt beispielsweise durch die zufällige Auswahl zweier beliebiger Städte und deren Austausch.

3. Die Zielfunktion f(s) berechnet die Gesamtlänge einer Tour.

4. Die einzelnen Teilelemente des Schemas zur Verringerung des Kontrollparameters T müssen so gewählt werden, dass sich bei jeder Iteration der Temperatur ein Gleichgewicht einstellen kann, um eine möglichst optimale Lösung zu erhalten.

Die verschiedenen Varianten zur konkreten Ausgestaltung des Abkühlungsplans wurden bereits in Abschnitt 2.3.2 diskutiert.

Eine Simulation mit dem in 2.3.1 beschriebenen Algorithmus würde demnach wie folgt ablaufen: Zunächst wird eine zufällige Permutation der Städte als Ausgangslösung s generiert und der Temperaturparameter T initialisiert. Außerdem muss die Untergrenze T_{min} sowie die maximale Anzahl an Iterationen m für die innere Schleife festgelegt werden. Dann werden zwei Städte der Ausgangslösung zufällig ausgewählt und deren Positionen vertauscht, sodass ein neuer Lösungskandidat s_{new} entsteht. Führt dies zu einer kürzeren Route, dann wird die neue Lösung akzeptiert und der Vorgang startet von vorn. Andernfalls wird eine gleichverteilte Zufallszahl $z \in [0,1]$ generiert und mit dem vereinfachten Metropolis-Kriterium verglichen, sodass eine Permutation der Städte mit größerer Gesamtlänge mit einer gewissen Wahrscheinlichkeit akzeptiert wird. Dieser Ablauf wird solange wiederholt, bis die maximale Iterationsanzahl erreicht ist. Anschließend wird der Kontrollparameter T aktualisiert und die m Ausführungen der inneren Schleife erneut gestartet. Dies wird fortgeführt bis der Wert von T unter die angegebene Untergrenze T_{min} fällt. Im Verlauf der Simulation wird die Route immer weiter verbessert, wobei auch temporäre Verschlechterungen der Gesamtlänge akzeptiert werden, um zu verhindern, dass der Algorithmus in einem lokalen Minimum stecken bleibt anstatt das globale Optimum zu finden.

Abbildung 7 zeigt links eine zufällig generierte Startpermutation für eine Traveling-Salesman-Probleminstanz mit 100 Städten. Auf der rechten Seite findet sich dann eine Route, wie sie der Algorithmus in der Anfangsphase generieren würde. Es ist leicht zu erkennen, dass dies kein optimaler Weg für den Handlungsreisenden sein kann. Nach einiger Rechenzeit wird die Simulated-Annealing-Prozedur dann idealerweise die optimale Tour finden, die durch eine wesentlich kürzere Gesamtlänge gekennzeichnet ist, wie Abbildung 8 zeigt.

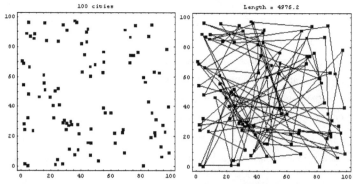

Abbildung 7: Beispiel eines Traveling-Salesman-Problems mit 100 Städten [Sørensen, 2009]

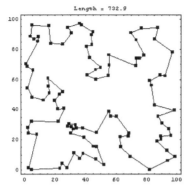

Abbildung 8: optimale Route des 100-Städte-Beispiels aus Abbildung 7 [Sørensen, 2009]

Auf ein ausführlicheres Beispiel mit konkreten Parameterwerten wird an dieser Stelle verzichtet. Es kann im Anhang (Anlage 2) nachgelesen werden.

Dieses Kapitel verfolgte das Ziel, die Faktoren aufzuzeigen, die die Entwicklung des Simulated Annealing beeinflussten. Außerdem sollte die Vorgehensweise dieses Algorithmus erklärt und seine einfache Anwendbarkeit an einem konkreten Optimierungsproblem dargestellt werden. Aus diesem Grund wurde zunächst ein Überblick über die Monte-Carlo-Simulation gegeben, die dem Simulated Annealing einen entscheidenden Vorteil gegenüber anderen Metaheuristiken verschafft - den Zufall. Da der in dieser Arbeit fokussierte Algorithmus zu den als naturanalog bezeichneten Methoden gehört, erfolgte anschließend eine einführende Betrachtung der zugrundeliegenden Prinzipien aus dem Bereich der statistischen Thermodynamik. Auf Basis des Metropolis-Algorithmus, der erstmalig die Ideen von Zufall und Physik zum Zweck der Lösung kombinatorischer Optimierungsprobleme vereinigte, konnte dann die Vorgehensweise der Simulated-Annealing-Prozedur sowie die wichtigen Parameter und einige Problemfelder betrachtet werden. Den Abschluss dieses Kapitels bildete die Anwendung des Verfahrens auf das Problem des Handlungsreisenden. Damit wurden folglich all jene Themengebiete in den Mittelpunkt gestellt, die zum Verständnis des Grundgedankens des Simulated Annealing beitragen und seine Besonderheiten hervorheben. Insbesondere seine einfache Anwendbarkeit auf die breite Klasse der Optimierungsprobleme wurde im letzten Abschnitt gezeigt, da es zur Lösung einer solchen Aufgabe nur einiger weniger Anpassungen des grundlegenden Algorithmus bedarf. Der wichtigste Punkt ist die problemspezifische Wahl der Parameter, die sowohl Erfahrung als auch Experimente erfordert. Doch trotz idealer Bestimmung der Parameterwerte führt ein Anwachsen der Problemgröße zu erheblichen Steigerungen bezüglich der benötigten Rechenzeit, welches diese Methode zunehmend uninteressant für praktische Zwecke machte. Im folgenden Kapitel soll daher eine Möglichkeit aufgezeigt werden, die den enormen Zeitaufwand effizient reduzieren kann, ohne die Lösungsqualität signifikant herabzusetzen: die Parallelisierung.

3 Parallelisierung als Ausweg?

Metaheuristiken umfassen eine große Klasse von Algorithmen, welche durch die Kombination verschiedener Konzepte zur Untersuchung und Ausschöpfung des Lösungsraumes gekennzeichnet sind. In Verbindung mit der Tatsache, dass sie in der Lage sind, ein vorzeitiges Ende in lokalen Optima zu verhindern, stellen diese Methoden ein effizientes Hilfsmittel zur Lösung komplexer kombinatorischer Optimierungsprobleme dar, die in der Realität sehr häufig zu finden sind. Doch selbst unter Verwendung von Metaheuristiken sind die Grenzen dessen, was in „vernünftiger" Rechenzeit gelöst werden kann, nach wie vor schnell erreicht, zumindest in Bezug auf die ständig wachsenden Bedürfnisse von Forschung und Industrie. Es gibt daher zwei grundlegende Motive zur Entwicklung und Verwendung paralleler Metaheuristiken: Zum einen die Diversifikation, die die Möglichkeit bieten soll, gleichzeitig verschiedene Teilbereiche des Suchraums zu erkunden. Auf der anderen Seite steht die Beschleunigung des zeitaufwändigen Prozesses, wobei eine Reduktion der Qualität der Lösungen sowie der Robustheit dieser Techniken vermieden werden sollte.

Im diesem Kapitel werden zunächst die Möglichkeiten der Parallelisierung von Metaheuristiken aufgezeigt, bevor sich eine Erläuterung einiger in der Literatur zu findenden Varianten des parallelen Simulated Annealing anschließt. Es lässt sich jedoch zeigen, dass viele dieser Ansätze Probleme mit sich bringen, wodurch die Vorteile des sequentiellen Algorithmus, wie das Konvergenzverhalten oder die Lösungsqualität, verloren gehen. Eine Technik, die diese Problemfelder umgehen kann, ist das Speculative Computation, dessen ausführliche Darstellung den Abschluss dieses zweiten Hauptteils der Arbeit bilden wird.

3.1 Möglichkeiten der Parallelisierung von Metaheuristiken

Das zentrale Ziel der Parallelisierung besteht in der Beschleunigung des Berechnungsvorgangs, indem die Arbeitsbelastung zwischen einzelnen Prozessoren aufgeteilt wird. Eine Möglichkeit diese Verteilung vorzunehmen, bilden „reine" parallele Berechnungsstrategien, die die partielle Ordnung der Algorithmen an sich nutzen. Dies kann zum Beispiel eine Menge von Operationen sein, die gleichzeitig ausgeführt werden können ohne das Lösungsverfahren oder das letztendliche Resultat zu verändern. Solche Methoden entsprechen demnach dem „natürlichen" Parallelismus, der in dem betrachteten Algorithmus vorhanden ist. Es können zwei wesentliche Quellen der Parallelverarbeitung unterschieden werden: Daten- und funktionale Parallelität. Diese Verfahren sind effizient, wenn die zugrundeliegenden Algorithmen besonders gleichmäßige Datenstrukturen manipulieren. Prozeduren, die allerdings auf eher unregelmäßigen Strukturen operieren, wie beispielsweise Graphen, oder bei denen zwischen den verschiedenen Operationen starke Abhängigkeiten bestehen, können unter ausschließlicher Verwendung von Daten- oder funktionalem Parallelismus nur schwerlich effektiv verarbeitet werden. Metaheuristiken sind im Allgemeinen zu dieser Kategorie zu zählen, weshalb andere Wege gefunden werden müssen, um die Rechenlast zu verteilen.

In Anlehnung an Crainic / Toulouse (2003, S.13 ff.) können grundsätzlich drei Arten zur Parallelisierung von Metaheuristiken entsprechend der genutzten Quelle des Parallelismus unterschieden werden: Eine erste Möglichkeit basiert auf der gleichzeitigen Ausführung von Operationen oder der gleichzeitigen Bewertung einzelner Schritte, die eine Iteration innerhalb der Erforschung des Suchraums ausmachen. Diese Strategie kann einfach angewendet werden und bezweckt ausschließlich die Beschleunigung der Berechnungen, ohne zu versuchen, eine Verbesserung der Löungsraumuntersuchung oder Lösungsqualität zu erreichen. Des Weiteren kann eine Parallelisierungstechnik genannt werden, bei der die Größe des Suchraums reduziert wird, indem die Menge der Entscheidungsvariablen in disjunkte Teilmengen zerlegt wird. Die jeweilige Metaheuristik wird dann auf jede Untermenge angewendet und die restlichen Variablen werden als fest vorgegeben betrachtet. Offensichtlich ist bei dieser Strategie die Menge der besuchten Konfigurationen verschieden von derjenigen der sequentiellen Implementierung, weshalb eine mehrfache Wiederholung dieser Vorgehensweise zu empfehlen ist, um verschiedene Teilmengen-Kombinationen zu erzeugen. Schlussendlich existiert eine dritte Möglichkeit, bei der Parallelismus erreicht wird, indem mehrere nebenläufige Untersuchungen des Lösungsraums erfolgen, wobei jeder Prozessor die gleiche heuristische Methode ausführen kann. Die jeweils verwendeten Startlösungen können für alle Aktivitätsstränge gleich oder verschieden sein. Außerdem werden je nach Grad und Art der Kommunikation zwischen den einzelnen Berechnungsinstanzen unabhängige und kooperative sowie synchrone und asynchrone Strategien unterschieden. Um die Rechenzeit zu beschleunigen, wird in der Regel versucht die Lösungsraumuntersuchung gegenüber der sequentiellen Prozedur zu verringern, indem beispielsweise die Iterationsanzahl reduziert wird.

Die oben beschriebene Klassifikation ist sehr allgemein gehalten und deckt damit ein breites Gebiet von Parallelisierungsstrategien unterschiedlichster Art ab. An dieser Stelle soll diese Unterteilung jedoch genügen, da im nächsten Abschnitt noch präzisere Ausführungen für den Simulated-Annealing-Algorithmus folgen.

3.2 Möglichkeiten der Parallelisierung von Simulated Annealing

Wie bereits dargestellt wurde, ist das Haupthindernis der allgemeinen Verwendung von Simulated Annealing für Aufgaben der kombinatorischen Optimierung dessen hoher Verbrauch an Rechenzeit. Die parallele Durchführung scheint der einzige akzeptable Weg zu sein, um diese Methode wesentlich zu beschleunigen und damit ihre Anwendbarkeit auszudehnen. Allerdings ist die beste Strategie zur Umsetzung dieser Idee noch heute Gegenstand der Forschung, da viele der bisher gefunden Möglichkeiten Probleme mit sich bringen, die den Lösungsprozess einer parallelen Verarbeitung gegenüber der sequentiellen Vorgehensweise beeinträchtigen. Aufgrund der zahlreichen Ansätze, die in der Literatur zu finden sind, sollen die Betrachtungen in dieser Arbeit auf drei wesentliche Varianten der Einteilung von Parallelisierungsschemata für Simulated Annealing beschränkt werden:

- synchrone und asynchrone parallele Techniken (vgl. [Greening, 1990]),

- problemabhängige und problemunabhängige parallele Implementierungen (vgl. [Diekmann et al., 1993]) und

- nach der Art der Zustandsübergänge (vgl. [Leite / Topping, 1999]).

Bevor die Möglichkeiten der Parallelisierung von Simulated Annealing detaillierter erläutert werden, erfolgt eine einführende Betrachtung der Problemfelder, die die verteilte Verarbeitung dieser Metaheuristik erschweren.

3.2.1 Schwierigkeiten bei der Parallelisierung von Simulated Annealing

Eines der Hauptprobleme bei der Parallelisierung des Simulated Annealing liegt in der grundsätzlich sequentiellen Natur dieses Algorithmus, da jede Iteration der inneren Schleife, welche aus den drei Phasen Zustandskandidatengenerierung, Zielfunktionswertberechnung und Entscheidung über Akzeptanz oder Zurückweisung besteht, durch das Ergebnis der vorherigen Iteration bestimmt wird. Diese Abhängigkeit erschwert eine parallele Verarbeitung dieses Prozesses ohne die serielle Entscheidungssequenz zu verletzen. Wie später noch zu sehen sein wird, ist es möglich, Parallelismus innerhalb der Phasen auszunutzen, was jedoch problemspezifische Parallelisierung nach sich zieht, womit die allgemeine Verwendbarkeit dieser Metaheuristik verloren geht. Eine andere Möglichkeit besteht in der Veränderung der seriellen Entscheidungssequenz und der Toleranz der daraus entstehenden Fehler, um größere Beschleunigungen des Berechnungsprozesses zu erhalten. Existierende Beweise zeigen, dass die Erhaltung des sequentiellen Ablaufs beim Treffen der Akzeptanzentscheidungen notwendig ist, um sicherzustellen, dass der Algorithmus zu einem globalen Optimum konvergiert. Demnach bewirkt eine Toleranz entstehender Fehler im

Lösungsprozess ein Sinken der Lösungsqualität und eine Verschlechterung des Konvergenzverhaltens.

Es ist also keine leichte Aufgabe, die Simulated-Annealing-Prozedur zu parallelisieren. In den folgenden Abschnitten werden einige Varianten vorgestellt werden, die gegenüber dem sequentiellen Algorithmus signifikante Beschleunigung erreichen, indem Kompromisse bezüglich Lösungsqualität, Konvergenzverhalten und / oder Allgemeingültigkeit dieser Metaheuristik eingegangen werden. Eine Technik, die sowohl die serielle Entscheidungssequenz sicherstellt als auch problemunabhängig ist, nutzt Speculative Computation. Diese bislang effektivste Vorgehensweise zur parallelen Verarbeitung des Simulated Annealing wird im letzten Teil dieses Kapitels näher erläutert werden.

3.2.2 Synchrone und asynchrone Parallelisierung

Die in diesem Abschnitt vorgestellte Taxonomie (Abbildung 9) unterteilt Techniken zur Parallelisierung von Simulated Annealing entsprechend dem Grad der Genauigkeit bei der

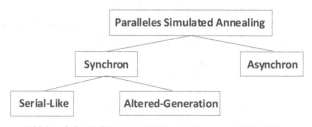

Abbildung 9: Parallelisierungstechniken nach Greening (1999, S.295)

Berechnung des Zielfunktionswertes, der einer Zustandsänderung zugeordnet ist. Parallele Algorithmen, die durch eine geeignete Synchronisation sicherstellen, dass die Bewertungen korrekt sind, werden als *synchron* bezeichnet. Diese Kategorie wird weiterhin unterteilt in parallele Methoden, die die Konvergenzeigenschaften des sequentiellen Simulated Annealing erhalten („Serial-Like") und jene, deren Zielfunktionswerte exakt berechnet werden, die aber bei der Lösungskandidatengenerierung von der seriellen Vorgehensweise abweichen („Altered-Generation"). Auf der anderen Seite steht die Klasse der *asynchronen* Algorithmen, die den Synchronisationsaufwand reduzieren und die daraus resultierenden Fehler tolerieren, um eine größere Beschleunigung des Lösungsvorgangs zu erhalten.

Drei synchrone parallele Algorithmen bewahren die Konvergenzeigenschaften des sequentiellen Simulated Annealing und gehören damit zum Typ „Serial-Like":

– Functional Decomposition,

– Simple Serializable Set und

- Decision Tree Decomposition.

Die Vorgehensweise der *funktionalen Zerlegung* bietet sich an, wenn die Zielfunktion des Optimierungsproblems sehr rechenintensiv ist. Die einzelnen Berechnungsschritte werden dann parallel ausgeführt, während die restliche serielle Vorgehensweise des Simulated Annealing erhalten bleibt. Da die Funktion häufig nur über feingranularen „natürlichen" Parallelismus verfügt, können Kommunikations- und Synchronisationsaufwand einen Functional-Decomposition-Algorithmus dominieren, womit diese Methode für die meisten Anwendungen ungeeignet ist. Eine weitere Möglichkeit zur „Serial-Like"-Parallelisierung ist die *Simple-Serializable-Set-Prozedur*, welche genutzt werden kann, wenn die Zustandsvariablen, deren Werte eine Konfiguration bilden, voneinander unabhängig sind. Dann können verschiedene Prozessoren jeweils einen neuen Lösungskandidaten generieren und die Zielfunktionswertdifferenz berechnen, ohne zu kommunizieren. Diese Menge voneinander unabhängiger Bewegungen wird als „serializable set" bezeichnet. Der einfachste Fall ist eine Sammlung zurückgewiesener Zustandsänderungen: die Reihenfolge ist irrelevant, das Ergebnis ist immer die Startkonfiguration. Besonders effektiv ist diese Vorgehensweise daher bei niedrigen Temperaturen, wenn das Verhältnis von akzeptierten Zuständen zu versuchten Bewegungen klein ist. Bei hohen Temperaturen, wenn das Akzeptanzverhältnis nahe 1 ist, liefert der Algorithmus nur einen kleinen oder gar keinen Vorteil.

Da aber die meisten Abkühlungspläne einen Hauptteil der Zeit bei niedrigen Temperaturen verbringen, kann eine Parallelisierung entsprechend dieser Strategie die Gesamtleistung des Simulated Annealing verbessern. Der dritte Algorithmus in der Kategorie „Serial-Like", genannt *Decision Tree Decomposition*, nutzt Parallelismus bei den Entscheidungen über Akzeptanz oder Zurückweisung eines Lösungskandidaten. Abbildung 10 zeigt dazu auf der linken Seite den binären Entscheidungsbaum des Simulated Annealing. Wenn jedem Knoten dieses Binärbaumes ein Prozessor zugeordnet wird, kann die Berechnung des Zielfunktionswerts für jede vorgeschlagene Bewegung gleichzeitig durchgeführt werden. Da aufeinanderfolgende Konfigurationen im Allgemeinen voneinander abhängig sind, werden die Zustandsübergänge der Reihe nach generiert. Der rechte Teil der Abbildung 10 zeigt dazu die Abhängigkeiten der Prozessorknoten. Ein Vertex erzeugt einen neuen Lösungskandidaten in der Zeit t_m, berechnet dessen Zielfunktionswert in Zeit t_e und entscheidet über die Akzeptanz in Zeit t_d. Es ist zu beachten, dass der nachfolgende Knoten 2 nicht mit der Generierung eines neuen Zustands beginnen kann, solange Knoten 1 nicht seinen Lösungskandidaten erzeugt und an Knoten 2 gesendet hat. Diese Methodik ist hauptsächlich für Probleme geeignet, bei denen die Zeit t_m zur Erstellung eines neuen Zustandskandidaten größer ist als die Zeit t_e zur Berechnung eines Wertes der Zielfunktion.

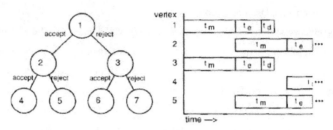

Abbildung 10: Decision Tree Decomposition [Greening, 1990, S.297]

Aber selbst wenn ein paralleler Simulated-Annealing-Algorithmus die Zielfunktionswerte exakt berechnet, kann er dennoch nicht die statistischen Eigenschaften einer sequentiellen Implementierung nachahmen. Oft muss aus diesem Grund die Zustandsgenerierung modifiziert werden, um die Interprozessorkommunikation zu reduzieren. Die folgenden „Altered-Generation"-Methoden ändern die Vorgehensweise der Erforschung des Suchraumes und damit die erwartete Lösungsqualität sowie die benötigte Rechenzeit:

– Spatial Decomposition und

– Shared State-Space.

Bei der *räumlichen Zerlegung* werden die Zustandsvariablen zwischen den Prozessoren verteilt und bei Akzeptanz einer neuen Lösung aktualisiert. Da diese Methode zur Klasse der synchronen Algorithmen gehört, muss sichergestellt werden, dass die Berechnungen der Zielfunktion korrekt sind. Dafür existieren zwei grundlegende Möglichkeiten: Bei *kooperierenden Prozessoren* werden die Zustandsvariablen disjunkt verteilt und jeder neue Zustand, der erzeugt wird, bewirkt eine Benachrichtigung der anderen beeinflussten Prozessorknoten. Anschließend evaluieren die betroffenen Knoten synchron den Lösungskandidaten und aktualisieren ihre Zustandsvariablen. Eine vorgeschlagene Bewegung wird entweder aufgeschoben oder aufgegeben, wenn sie eine andere beeinträchtigt, die gerade in Bearbeitung ist. Handelt es sich allerdings um *unabhängige Prozessoren*, wird die Zustandskandidatengenerierung auf Variablen beschränkt, die der jeweiligen Teilmenge eines Prozessors angehören. Diese Vorgehensweise minimiert zwar die Interprozessorkommunikation, aber sie erfordert außerdem eine periodische Neuverteilung der Zustandsvariablen, um eine drastische Beschränkung der Untersuchung des Lösungsraums zu verhindern. Das Verfahren des *Shared State-Space* verzichtet auf die Verteilung der Zustandsvariablen und nutzt stattdessen den gesamten Zustandsraum, der allen Prozessoren gleichzeitig über einen gemeinsamen Speicher zugänglich gemacht wird. Bevor ein Lösungskandidat generiert und evaluiert wird, muss daher der Zugriff auf die entsprechenden Variablen für andere

Prozessorknoten gesperrt werden, damit die Zielfunktionswerte weiterhin exakt berechnet werden können. Die letzte Klasse von Parallelisierungstechniken entsprechend der hier vorgestellten Taxonomie umfasst die asynchronen Algorithmen. Bei diesen Methoden werden Fehler in der Berechnung der Zielfunktionswerte verursacht, da aufgrund reduzierter Synchronisation abhängige Zustandsvariablen gleichzeitig von mehreren Prozessoren gelesen und geändert werden können. Diese ungenaue Evaluation der Lösungskandidaten kann eine signifikante Beschleunigung des gesamten Prozesses bewirken. Da eine wichtige Eigenschaft des Simulated-Annealing-Algorithmus darin besteht, zufällig Aufwärts-Schritte zu akzeptieren, können bis zu einem gewissen Grad Fehler toleriert werden, das heißt die Verwendung veralteter Zustandsinformationen kann unter Umständen trotzdem zu einer vernünftigen Lösung führen. Diese Fehlertoleranz liefert einen großen Vorteil bei der parallelen Verarbeitung von Simulated Annealing: wenn Prozessoren unabhängig verschiedene Teile des Optimierungsproblems bearbeiten, können sie zunächst einige Zustandsänderungen vornehmen und dann ein einzelnes Zwischenergebnis an die anderen Prozessoren übermitteln. Damit kann der Kommunikationsaufwand gegenüber der Synchronisation nach jedem Berechnungsschritt signifikant reduziert werden, was eine enorme Einsparung an Rechenzeit nach sich zieht.

In diesem Abschnitt wurde ein Überblick über grundlegende Parallelisierungsstrategien für Simulated Annealing geschaffen, die nach ihrem Grad an Genauigkeit bei der Berechnung der Zielfunktionswerte und dem damit verbundenen Kommunikationsaufwand innerhalb des Netzwerkes von Prozessorknoten unterschieden werden. Diese Einteilung lieferte bereits interessante Möglichkeiten zur Beschleunigung der Rechenzeit der betrachteten Metaheuristik. Im folgenden Teil erfolgt eine Klassifizierung paralleler Techniken anhand ihrer Abhängigkeit vom jeweiligen zu lösenden Optimierungsproblem.

3.2.3 Problemabhängige und problemunabhängige Parallelisierung

Ein großer Teil der in der Literatur zu findenden Überlegungen bezüglich der Parallelisierung von Simulated Annealing bezieht sich fast ausschließlich auf die Implementierung einer Strategie für gewisse Optimierungsprobleme. Da meist das Problem selbst den Ausgangspunkt für die Untersuchung der möglichen Vorgehensweise zur parallelen Bearbeitung bildet und somit die zugrundeliegende Datenstruktur bekannt ist, wird in vielen Fällen eine Parallelisierung auf Datenebene vorgenommen. Die Zustandsvariablen werden in kleine Untermengen gesplittet und zwischen den vorhandenen Prozessoren aufgeteilt, die dann auf ihrem jeweiligen Ausschnitt der Daten sequentielles Simulated Annealing durch-führen. Allerdings zieht diese Art des Parallelismus Probleme nach sich, denn es ist in der Regel keine triviale Aufgabe, unabhängige Teilmengen zu finden. Wenn eine Modifikation in einem Teil der Daten andere Untermengen beeinflusst, müssen die Prozessoren mitei-nander kommunizieren, um eine korrekte Zustandsänderung durchzuführen. Demnach füh-ren hohe Abhängigkeiten innerhalb der Menge der Zustandsvariablen zu hohem Kommu-nikationsaufwand und damit sinkender Effizienz des Verfahrens. Des Weiteren ist die Bil-dung kleiner Variablenteilmengen häufig kompliziert, weshalb es in den meisten Fällen nicht möglich ist, eine große Anzahl an Prozessoren zu verwenden, womit die maximal erreichbare Beschleunigung beschränkt wird. Die Aufteilung der Daten ist bei dieser Vor-gehensweise problemabhängig, womit die Parallelisierung für jedes spezifische Optimie-rungsproblem neu gestaltet werden muss.

Aus diesem Grund beschäftigten sich einige Autoren damit, eine Vorgehensweise zur Pa-rallelisierung von Simulated Annealing zu finden, die unabhängig vom jeweiligen bearbei-teten Optimierungsproblem anwendbar ist. Diekmann et al. (1993) stellen dazu einige Ideen vor. Ein einfacher Weg zur Parallelisierung der inneren Schleife des Simulated-Annealing-Algorithmus ist die parallele Ausführung der Schritte 2 und 3, also der Evalua-tion des generierten Lösungskandidaten sowie der Entscheidung über dessen Akzeptanz oder Zurückweisung. Ein geeignetes Modell für diese Art der Parallelverarbeitung bietet das *Farming*, dessen grundlegender Aufbau in Abbildung 11 gezeigt ist. Ein Farmer-Prozessor F generiert neue Konfigurationen und sendet diese an eine Reihe von Worker-Prozessoren W, die anschließend die Berechnung der Zielfunktionsdifferenz sowie die Anwendung des Metropolis-Kriteriums übernehmen. Entdeckt ein Worker eine akzeptable Zustandsänderung, dann informiert er den Farmer, der daraufhin eine globale Systemaktua-lisierung auslöst. Weil diese Vorgehensweise sicherstellt, dass alle Prozessoren die voll-ständige Probleminstanz erhalten und die Aktualisierungen synchron durchgeführt werden, gibt es jederzeit einen eindeutigen Systemzustand und gegenüber dem seriellen Algorith-

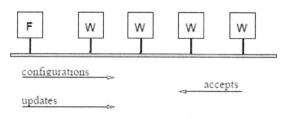

Abbildung 11: Farming [Diekmann et al., 1993, S.11]

mus treten keine Fehler auf. Außerdem bleibt das Konvergenzverhalten der sequentiellen Implementierung des Simulated Annealing erhalten. Der Farming-Ansatz birgt jedoch die Gefahr, dass sich der Farmer-Prozessor für einige Optimierungsprobleme, wie beispielsweise das Traveling-Salesman-Problem, als Engpass herausstellt, da er nicht in der Lage ist, ausreichend neue Konfigurationen zu erzeugen, um mehr als eine kleine Anzahl Worker zu beschäftigen.

Um einen solchen Engpass zu vermeiden, muss die Generierung eines neuen Lösungskandidaten ebenfalls parallel durchgeführt werden. Zu diesem Zweck wird zwischen den Prozessoren eine Master-Slave-Beziehung entsprechend Abbildung 12 eingeführt. Die Vorge-

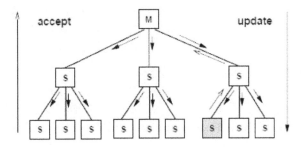

Abbildung 12: Master-Slave-Beziehung beim One-Chain-Algorithmus [Diekmann et al., 1993, S.12]

hensweise des sogenannten *One-Chain-Algorithmus* stellt sich wie folgt dar: Eine Reihe von Slave-Prozessoren generiert jeweils ausgehend von der gleichen Konfiguration wiederholt neue Zustandskandidaten, berechnet die daraus resultierende Zielfunktionswertdifferenz und führt den Entscheidungsschritt durch. Entdeckt ein Slave einen zu akzeptierenden Lösungskandidaten, wird der Master-Prozessor informiert, der anschließend eine globale Systemaktualisierung auslöst. Wie beim Farming-Algorithmus gibt es immer einen eindeutigen Systemzustand und alle Prozessoren bearbeiten die gleiche Probleminstanz. Diese allgemeine Vorgehensweise verfügt noch über ein gewisses Verbesserungspotential. Bei hohen Temperaturen kann es vorkommen, dass gleichzeitig mehrere Akzeptanzentscheidungen auftreten. Der Master-Prozessor informiert dann alle anderen Prozessoren, dass eine akzeptable Lösung vorliegt und wartet bis alle Slaves ihre Berechnungen beendet und ihm gegebenenfalls zu akzeptierende Lösungen übersendet haben. Ist die Sammlung aller geeigneten Zustandskandidaten abgeschlossen, gibt es mehrere Möglichkeiten zur Wahl der neuen globalen Konfiguration:

- *First Wins*: Die erste erhaltene Konfiguration wird gewählt.
- *Best Wins*: Der Lösungskandidat mit dem besten Zielfunktionswert wird akzeptiert.

- *Boltzmann*: Der neue Systemzustand wird entsprechend der Boltzmann-Verteilung aus der Menge der vorgeschlagenen Kandidaten ausgewählt.
- *Random*: Die Auswahl erfolgt zufällig.

Experimente haben gezeigt, dass die zufällige Auswahl am besten dem Verlauf des sequentiellen Simulated Annealing entspricht und so das optimalste Konvergenzverhalten sichergestellt werden kann. Best Wins und Boltzmann führen hingegen zum „Quenching", die Wahl der ersten erhaltenen Konfiguration zur Akzeptanz schnell berechenbarer Zustandsübergänge, was ebenfalls die Konvergenz des Lösungsprozesses negativ beeinflusst. Eine weitere Verbesserungsoption bietet die Move-Recovery-Strategie. Um den Verlust vieler guter Zustandsübergänge bei hohen Temperaturen zu reduzieren, erhält ein Slave zusätzlich die Fähigkeit zu überprüfen, ob sein Lösungsvorschlag für die globale Aktualisierung ausgewählt wurde. Ist dies nicht der Fall, sendet er denselben Zustandskandidaten erneut an den Master-Prozessor zur Auswahl. Diese Vorgehensweise bewirkt eine geringfügige Verbesserung des Konvergenzverhaltens. Der One-Chain-Algorithmus kann unter Verwendung von Zufallsauswahl und Move-Recovery bei einer gewissen Anzahl genutzter Prozessoren nahezu lineare Beschleunigungen erreichen. Ein großer Vorteil dieses Verfahrens liegt in der Unabhängigkeit des Konvergenzverhaltens und der Lösungsqualität von der Anzahl verwendeter Prozessorknoten. Detailliertere experimentelle Ergebnisse dazu finden sich in Diekmann et al. (1993, S.12 ff).

Aufgrund des umfangreichen Anteils an akzeptierten Bewegungen bei hohen Temperaturen und der daraus resultierenden großen Anzahl notwendiger Synchronisationen erweist sich die One-Chain-Strategie nicht als die optimalste Möglichkeit zur Parallelisierung von Simulated Annealing. Um den entstehenden Nachteil auszugleichen, wird die Voraussetzung der Existenz eines eindeutigen Systemzustandes aufgegeben und ein weiterer Schritt parallel ausgeführt - die Zustandsaktualisierung. Jeder Prozessor erhält eine lokale Kopie aller Zustandsvariablen und führt den gesamten sequentiellen Simulated-Annealing-Algorithmus für eine gegebene Temperatur aus. Erst nachdem die Iterationen der inneren Schleife auf allen Prozessoren abgeschlossen sind, wird eine globale Synchronisationsphase durchgeführt und die neue Startlösung für die nächste Temperatur gewählt. Diese Vorgehensweise wird als *Par-Chain-Algorithmus* bezeichnet. Die Konfigurationen, die während einer Synchronisation gesammelt werden, gehören im Gegensatz zum One-Chain-Verfahren zu verschiedenen Teilen des Lösungsraums, weshalb die Auswahlregeln für den akzeptierten Lösungskandidaten abgeändert werden müssen:

- *Mean*: Die Konfiguration mit dem Zielfunktionswert, der dem Mittelwert aller Zielfunktionswerte am nächsten ist, wird gewählt.

- *Boltzmann*: Die Auswahl eines Lösungskandidaten erfolgt entsprechend der Boltzmann-Verteilung.
- *Random*: Die Systemkonfiguration wird zufällig gewählt.
- *Best*: Der Zustand mit dem besten Zielfunktionswert wird akzeptiert.

Die Boltzmann-Strategie erwies sich als geeignetste Auswahlform, da sie die beste Annäherung an das Verhalten des sequentiellen Algorithmus ergibt. Dieser Umstand lässt sich unter anderem durch die totale Verschiedenheit der Konfigurationen und die Natur des Simulated Annealing erklären. Die Vorgehensweise des Par-Chain-Algorithmus kann unter bestimmten Bedingungen unabhängig von der Anzahl verwendeter Prozessoren eine Lösungsqualität sichern, die mit dem sequentiellen Algorithmus vergleichbar ist. Genauere Ausführungen zur Implementierung und experimentelle Ergebnisse finden sich in Diekmann et al. (1993, S.16 ff.).

In diesem Abschnitt wurden drei Prinzipien zur Parallelisierung des Simulated Annealing vorgestellt, die die gleichen Konvergenzeigenschaften wie die sequentielle Implementierung bewahren und auf nahezu alle kombinatorischen Optimierungsprobleme anwendbar sind. Wenn die Berechnung der Zielfunktionswerte erheblich mehr Zeit in Anspruch nimmt als die Lösungskandidatengenerierung, können unter Benutzung des Farming-Konzepts gute Ergebnisse hinsichtlich Beschleunigung und Lösungsqualität erreicht werden. Kann der Farmer-Prozessor nicht alle Knoten des Netzwerkes ausreichend mit neuen Konfigurationen versorgen, dann hilft der One-Chain-Algorithmus mittels paralleler Zustandskandidatenerzeugung und Bewertung der Zielfunktionswerte. Aufgrund der hohen Akzeptanzraten bei großen Temperaturwerten ist diese Vorgehensweise jedoch nur für kleinere Netzwerke geeignet. Stehen dahingegen viele Prozessoren zur Verfügung, ist der Par-Chain-Algorithmus in der Lage, eine hohe Beschleunigung mit gleicher Lösungsqualität zu erreichen.

Der folgende Teil beschäftigt sich mit problemunabhängigen Parallelisierungsstrategien, die anhand ihres Kommunikationsaufwands bei der Durchführung von Zustandsübergängen unterschieden werden.

3.2.4 Parallelisierung mit seriellen oder parallelen Zustandsübergängen

Der Simulated-Annealing-Algorithmus löst Optimierungsprobleme durch aufeinanderfolgende Zustandsübergänge, welche einen zusammengesetzten Prozess bilden, der zwei wesentliche, nacheinander ausgeführte Schritte umfasst: die Generierung eines Lösungskandidaten und die Anwendung des Metropolis-Kriteriums für die Entscheidung über Akzeptanz oder Zurückweisung dieses Vorschlags. Diese sequentielle Natur der Prozedur schränkt die Möglichkeiten zur verteilten Verarbeitung enorm ein. Leite / Topping (1999, S.550 ff.) unterscheiden zwei verschiedene Arten von Zustandsübergängen bei parallelen Implementierungen des Simulated Annealing: serielle und parallele. Serielle Übergänge bezeichnen diejenigen Zustandsänderungen, die nur Informationen von einem Prozessor nutzen, um einen Lösungskandidaten zu bewerten und gegebenenfalls zu akzeptieren. Dahingegen benötigen parallele Zustandsübergänge global verfügbare Information, die in Netzwerken mittels Interprozessorkommunikation erreicht wird, weshalb die häufige Verwendung von Daten anderer Prozessoren zu hohem Kommunikations- und Synchronisationsaufwand führt. Demnach erfordern parallele Simulated-Annealing-Schemata während des Optimierungsprozesses Kommunikation

- nach jeder Änderung (nur parallele Übergänge),
- nach einer Reihe von Änderungen (serielle und parallele Übergänge) oder
- in keinem Fall (nur serielle Übergänge).

Zunächst soll die letztere Variante mit *nur seriellen Übergängen* betrachtet werden. Der einfachste Weg zur Umsetzung einer Parallelverarbeitung ohne Synchronisation während des gesamten Optimierungsprozesses ist die Verwendung einer Reihe von Prozessoren, die jeweils für die gesamte Probleminstanz den vollständigen sequentiellen Algorithmus durchführen. Die einzige Kommunikation zwischen den Prozessoren besteht dann in der Verteilung der initialen Kontrollparameter sowie dem Sammeln der Endresultate. Eine solche Implementierung folgt zwar rigoros der sequentiellen Vorgehensweise, allerdings ist es unwahrscheinlich, dass damit eine signifikante Beschleunigung erreicht wird. Eine Kombination von *seriellen und parallelen Übergängen* kann geschaffen werden, indem eine Reihe von Schritten, die nur lokale Informationen nutzen, zwischen zwei parallele Zustandsübergänge geschaltet wird. Dies kann zum Beispiel umgesetzt werden, indem die Prozessoren des Netzwerks unabhängig voneinander für eine gegebene Temperatur alle Iterationen der inneren Schleife ausführen bis ein Gleichgewicht erreicht ist. Anschließend erfolgt eine Synchronisationsphase, in der der Temperaturparameter verringert und der beste gefundene Lösungskandidat als Startlösung für den nächsten Durchlauf gewählt wird. Diese Variante paralleler Simulated-Annealing-Schemata ist sehr bekannt, da damit gute Beschleunigungen durch Parallelismus sowie ein ausreichender Grad an Genauigkeit erreicht werden können.

Die Klasse der Simulated-Annealing-Modelle mit *nur parallelen Zustandsübergängen* nutzt bei jedem Wechsel zu einer neuen Systemkonfiguration Informationen aller Prozessoren. Der wesentliche Unterschied zwischen parallelen Algorithmen dieser Kategorie liegt in der Art und Weise der Verwendung der globalen Informationen. Die Anwendung des Metropolis-Kriteriums erfordert die Zielfunktionswerte zweier aufeinanderfolgender Zustände. Wenn Änderungen und Bewertungen unabhängig und lokal auf verschiedenen Prozessoren stattfinden, sind die Werte globaler Zustände nicht verfügbar, weshalb lokale Lösungen genutzt werden müssen. Da beim Simulated Annealing jedoch für jeden Übergang viele Änderungen durchgeführt und zurückgewiesen werden, kann Parallelismus eingesetzt werden, um eine Population von Zustandskandidaten zu generieren, welche dafür verwendet wird, gute Lösungen zu erkunden, bevor das Akzeptanzkriterium angewendet wird.

Globale Information ist dann nur notwendig, um den besten der lokalen Zustände auszuwählen, der am Ende zur Aktualisierung der Lösung genutzt wird. Eine Implementierung dieser Art wurde im vorhergehenden Abschnitt mit dem One-Chain-Algorithmus vorgestellt. Abbildung 12 lässt erkennen, dass dessen Problem aus architektonischer Sicht im Engpass des Nachrichtenflusses besteht, der durch die Notwendigkeit des Master-Prozessors als Aufgaben-Kontrolleur entsteht. Um diesen Nachteil zu vermeiden, kann ein ähnlicher Ansatz gewählt werden, der bekannt ist als der *Clustering-Algorithmus*. Wie in Abbildung 13 dargestellt ist, wird der aktuelle Zustand auf allen Prozessoren jedesmal aktualisiert, wenn auf irgendeinem der Knoten ein Lösungskandidat akzeptiert wird. „Clustering" bezieht sich auf die Vorgehensweise des Kombinierens mehrerer Prozessoren zur Bearbeitung einer Ausgangslösung. Trotz der Tatsache, dass diese Vorgehensweise im Vergleich zu parallelen Modellen mit nur seriellen Übergängen eine größere Anzahl von

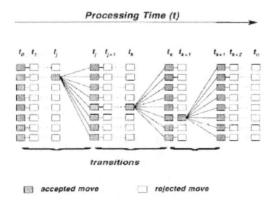

Abbildung 13: Kommunikationsaufwand beim Clustering-Algorithmus [Leite / Topping, 1999, S.552]

Kommunikationen erzeugt, ist der Clustering-Algorithmus im Allgemeinen effizienter, da der Synchronisationsaufwand insgesamt nicht sonderlich hoch ist. Da jedoch auch diese Prozedur weder optimale Lösungsqualität noch die Konvergenzeigenschaften des sequentiellen Annealings garantiert, soll noch eine weitere Form zur parallelen Ausführung des Simulated Annealing betrachtet werden, welche eine Technik verwendet, die als Speculative Computation bekannt ist. Diese Vorgehensweise bildet den einzigen Weg, um parallele Zustandsübergänge auszuführen, ohne die serielle Entscheidungssequenz des Simulated Annealing zu verletzen. Das wesentliche Konzept besteht darin, eine Aufgabe durchzuführen bevor bekannt ist, ob dies erforderlich ist oder nicht. Wird das Ergebnis anschließend benötigt, ist die notwendige Arbeit schon getan, andernfalls entstand unnötiger Rechenaufwand. Wie dieser Ansatz dazu beitragen kann, den Lösungsprozess des Simulated-Annealing-Algorithmus zu beschleunigen ohne die Vorteile der sequentiellen Ausführung zu verlieren, wird im nächsten Abschnitt detaillierter erläutert werden.

3.3 Parallelisierung des Simulated Annealing mittels Speculative Computation

Fast ausnahmslos alle Parallelisierungsstrategien, welche in der Literatur zu finden sind, sind problemabhängig und / oder verletzen die serielle Entscheidungssequenz, womit zwei der primären Vorteile des Simulated Annealing beeinträchtigt werden. Deshalb soll an dieser Stelle ein Ansatz vorgestellt werden, der erstmalig in Witte et al. (1991) präsentiert wurde und sowohl unabhängig vom spezifischen Optimierungsproblem die sequentielle Entscheidungssequenz erhält als auch signifikante Beschleunigungen des Berechnungsprozesses erreichen kann. Diese Vorgehensweise nutzt die Technik des Speculative Computation. Es soll zunächst die grundlegende Idee dieses Verfahrens dargestellt werden, bevor sich eine Betrachtung möglicherer Verbesserungen sowie eine Anwendung auf das Traveling Salesman Problem anschließt. Außerdem erfolgt anhand einiger in der Literatur zu findenden experimentellen Ergebnisse eine Bewertung dieser Strategie, um ihre praktische Relevanz aufzuzeigen.

3.3.1 Die grundlegende Vorgehensweise

Beim Speculative Computation werden einige Rechenschritte ausgeführt bevor bekannt ist, ob sie gebraucht werden oder nicht. Stellt sich später heraus, dass die Arbeit benötigt wird, dann ist sie bereits getan, wodurch eine Beschleunigung der Rechenzeit erzielt wird. Allerdings kann es vorkommen, dass einige spekulativ vorgenommene Berechnungen niemals notwendig sind, was somit verschwendeten Rechenaufwand nach sich zieht. Um Vorteile aus der Verwendung dieser Technik zu ziehen, ist es entscheidend, die zukünftig benötigte Arbeit zu identifizieren. Beim Simulated Annealing resultiert eine Iteration entweder in einer Akzeptanz oder in einer Zurückweisung der vorgeschlagenen Lösung. Eine parallele Verarbeitung könnte nun einen Prozessor wählen, der die drei Phasen einer Iteration (Generierung eines Lösungskandidaten, dessen Bewertung und Treffen der Akzeptanzentscheidung) ausführt, während zwei andere die spekulative Berechnung vornehmen. Einer der Prozessoren wird spekulieren, dass das Ergebnis eine Akzeptanz sein wird und beginnt unter dieser Annahme die Bearbeitung des nächsten Iterationsschritts, während der andere Prozessor davon ausgeht, dass der Vorgang eine Zurückweisung ergeben wird. Wenn die Entscheidung letztendlich getroffen wird, wurde bereits einige weiterführende Arbeit erledigt. Die drei Prozessoren können, wie in Abbildung 14 dargestellt ist, als ein binärer

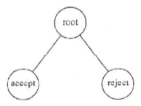

Abbildung 14: Binärbaum mit drei Prozessoren [Witte et al., 1991, S.484]

Baum betrachtet werden. Der Wurzelknoten bezeichnet den ersten Prozessor, während dessen linker Kindknoten den Prozessor repräsentiert, der eine Akzeptanzentscheidung annimmt und daher den von der Wurzel generierten Lösungskandidaten benötigt. Das rechte Kind des Wurzelknotens setzt eine Zurückweisung voraus und verwendet die aktuelle Lösung für seine Berechnungen. Abbildung 15 zeigt die zeitlichen Beziehungen zwischen den drei Prozessoren unter der Voraussetzung, dass die notwendige Kommunikation zwischen Wurzel und Kindknoten gleichzeitig mit der Berechnung stattfinden kann. Es werden folgende Parameterbezeichnungen verwendet:

- t_c = Zeit zur Kommunikation einer Lösung,

- t_m = Zeit zur Erzeugung eines neuen Lösungskandidaten,

- t_e = Zeit zur Bestimmung der Kosten des neuen Lösungskandidaten und

- t_d = Zeit zur Durchführung der Entscheidungsphase.

Das Zeitdiagramm macht deutlich, dass die Wurzel ihre aktuelle Lösung sofort zum Zurückweisungs-Prozessor sendet, während der Akzeptanz-Knoten den neuen Lösungskandidaten erhält, sobald dieser erzeugt wurde. Haben die Kindknoten ihre jeweilige Konfigura-

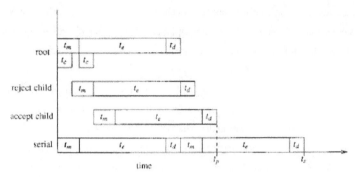

Abbildung 15: Zeitdiagramm für drei Prozessoren [Witte et al., 1991, S.485]

tion erhalten, beginnen sie die Berechnung, sodass die Verarbeitung der ersten beiden Iterationen parallel stattfindet. Diese Vorgehensweise benötigt zur Berechnung von zwei Entscheidungen die Zeit t_p. Der Vergleich mit der ebenfalls in Abbildung 15 dargestellten, seriellen Zeitspanne t_s zeigt, dass bereits mit drei Prozessoren eine Beschleunigung erreicht werden kann:

$$t_s \approx 1{,}5 * t_p. \tag{3.1}$$

Entscheidet der Wurzelknoten, dass der neue Lösungskandidat akzeptiert wird, dann hat das linke Kind richtig spekuliert und dessen Resultat entspricht der Lösung nach zwei Iterationen.

Im nächsten Schritt könnte der Binärbaum mit vier zusätzlichen Prozessoren um eine weitere Stufe erweitert werden, welche über das Ergebnis der zweiten Iteration spekulieren. Diese Prozessoren werden entsprechend Abbildung 16 bezeichnet und Abbildung 17 zeigt die dazugehörigen zeitlichen Abhängigkeiten, wobei die Pfeile die Kommunikation einer

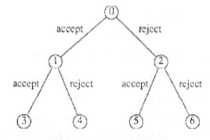

Abbildung 16: Binärbaum mit sieben Prozessoren [Witte et al., 1991, S.485]

Lösung von einem Eltern-Prozessor kennzeichnen, welche die Berechnung eines Kind-Prozessors initiiert. Diese Erhöhung der Anzahl verwendeter Recheneinheiten kann für zusätzliche Stufen fortgesetzt werden. In einem beliebig großen binären Baum korrespondiert ein Pfad von der Wurzel zu einem Blatt mit der tatsächlichen seriellen Entscheidungssequenz des Simulated Annealing. Lauten die nacheinander getroffenen Entscheidungen beispielsweise: Akzeptanz - Zurückweisung - Zurückweisung, so entspricht dies in Abbildung 16 dem Pfad von der Wurzel über Prozessor 1 zu Nummer 4. Die benötigte Zeit t_p steht in diesem Fall in folgendem Verhältnis zu t_s:

$$t_s \approx 2 * t_p. \tag{3.2}$$

Im Allgemeinen werden nicht ausreichend Prozessoren zum Aufbau eines Binärbaumes vorhanden sein, um über die gesamte Anzahl an Iterationen zu spekulieren, die bei einer gegebenen Temperatur erforderlich sind. Einige Möglichkeiten zum Umgang mit der beschränkten Tiefe des binären Prozessorbaums werden später noch aufgezeigt werden. Des Weiteren begrenzen die Zeitparameter der Anwendung die Anzahl der Stufen, die wirksam

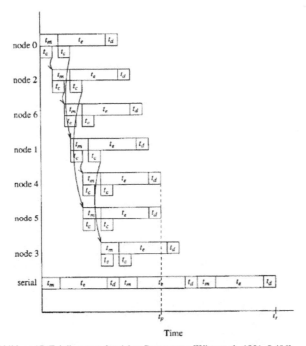

Abbildung 17: Zeitdiagramm für sieben Prozessoren [Witte et al., 1991, S.486]

genutzt werden können. Die Wahl der effektivsten Baumgestalt wird im Folgenden diskutiert werden.

3.3.2 Die Wahl der Baumgestalt

Wie bereits erwähnt, erfordert die Verwendung spekulativer Berechnungen den Umgang
mit der beschränkten Tiefe des Prozessor-Baums. Der grundlegende Ablauf des parallelen
Simulated Annealing mittels Speculative Computation wurde im vorherigen Kapitel für
balancierte Binärbäume dargestellt. Ein Pfad von der Wurzel zu einem Blatt entspricht
exakt der seriellen Entscheidungssequenz, wodurch die Konvergenzeigenschaften des sequentiellen Algorithmus erhalten bleiben. Allerdings werden im Allgemeinen nicht genügend Prozessoren vorhanden sein, um einen balancierten Baum abzubilden, der sämtliche
Iterationen für eine gegebene Temperatur durchführen kann. Deshalb muss das Blatt, welches die letzte Entscheidung des Pfades trifft, seine aktuelle Lösung zum Wurzelprozessor
kommunizieren, welcher anschließend einen weiteren Berechnungsvorgang über den gesamten Baum anstößt. Die Beschleunigung, die mit diesem Ansatz erreicht werden kann,
ist nach oben beschränkt durch

$$log_2(P + 1), \tag{3.3}$$

wobei P die Anzahl der Prozessoren bezeichnet, weil dies die maximale Anzahl an Iterationen ist, die parallel ausgeführt werden können.

Aufgrund der Struktur des balancierten binären Baums werden weder Akzeptanz- noch
Zurückweisungsentscheidungen bevorzugt. Bereits in Abschnitt 2.2 (siehe auch Abbildung
4) wurde erläutert, dass sich die Akzeptanzwahrscheinlichkeit mit sinkender Temperatur
verringert. Dieses Wissen kann genutzt werden, um den Speculative-Computation-
Algorithmus zu verbessern, indem anstelle des balancierten ein unbalancierter Binärbaum
verwendet wird, dessen Form jeweils entsprechend angepasst wird. Dies bedeutet, dass bei
hohen Temperaturen mehr Prozessoren als Akzeptanz-Kindknoten verwendet werden,
während bei niedrigen Temperaturwerten die Zurückweisungs-Prozessoren einen höheren
Anteil haben. Ein Beispiel für einen unbalancierten Baum, der zu Beginn des Lösungsprozesses geeignet wäre, ist in Abbildung 18 dargestellt. Wie beim vorherigen Ansatz gilt
auch hier: wenn eine Entscheidung auf dem Pfad durch den Baum getroffen wird und der
entsprechende Kind-Prozessor nicht vorhanden ist, kommuniziert der Knoten seine Lösung
zur Wurzel und der Prozess beginnt von vorn. Da diese Vorgehensweise nicht statisch an

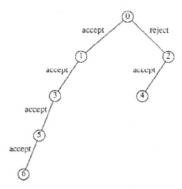

Abbildung 18: Unbalancierter Binärbaum mit sieben Prozessoren [Witte et al., 1991, S.487]

einen balancierten Binärbaum gebunden ist, wird die Geschwindigkeitsverbesserung nicht beschränkt durch (3.3). Zum Beispiel könnten die Prozessoren 0, 1, 3, 5 und 6 aus Abbildung 18 alle richtig spekulieren, was eine maximale Beschleunigung von 5 unter Verwendung von sieben Prozessoren ergibt. Das Hauptproblem dieser offensichtlich effektiven Strategie zur Parallelisierung von Simulated Annealing liegt in der Wahl der Baumgestalt. Da das Ziel darin besteht, gegenüber dem seriellen Algorithmus eine maximale Verkürzung der Rechenzeit zu erreichen, sollte bei jeder Temperatur die Form gewählt werden, die den Zeitaufwand des Berechnungsprozesses minimiert. Aus diesem Grund entwickelten Witte et al. (1991, S.486 ff.) einen Ausdruck, um die Beschleunigung für einen bestimmten Baum vorherzusagen, welche abhängig ist von dessen Gestalt, den Zeitparametern und einer Schätzung der Akzeptanzwahrscheinlichkeit. Die Bestimmung erfolgt durch die Berechnung der durchschnittlichen Beschleunigung a_T aller möglichen Pfade durch den Baum bei gegebener Temperatur T. Wenn a_i die Beschleunigung eines Pfades ist, der den Baum an Knoten i verlässt und P(i_V) dessen Wahrscheinlichkeit, dann gilt:

$$a_T = \sum_{i \in Baum} P(i_V) * a_i. \tag{3.4}$$

Die vollständige Herleitung und die ausführliche Form der Formel finden sich im Anhang (Anlage 3).

Zur parallelen Berechnung mittels Speculative Computation wird also ein unbalancierter Binärbaum von Prozessoren verwendet, dessen Struktur periodisch modifiziert wird, um die Änderungen in der Akzeptanzwahrscheinlichkeit widerzuspiegeln. Die konkrete Form des Baums wird bei jeder Änderung der Temperatur neu berechnet. Der Lösungsprozess beginnt jeweils beim Wurzelknoten und wird fortgesetzt, bis ein Prozessor eine Entscheidung trifft, aber keinen entsprechenden Kind-Prozessor besitzt. An diesem Punkt wird die aktuelle Lösung zur Wurzel zurück gesendet und die Berechnung wird erneut über den gesamten Baum hinweg veranlasst. Trifft der Wurzel-Prozessor eine Entscheidung, dann ist sofort bekannt, dass sämtliche Arbeit eines Unterbaumes nutzlos ist. Diese Prozessoren könnten effizienter als Blätter im verbleibenden Unterbaum genutzt werden. Allerdings wäre diese dynamische Zuordnung von Prozessoren sehr viel komplizierter umzusetzen als der statische Ansatz, denn die Frage der Platzierung ist nicht trivial. Der Aufwand, um die Prozessoren neu zu verteilen, scheint die Realisierbarkeit dieses Verfahrens zu begrenzen, aber das Potential macht weitere Forschung wert. Die Recherche auf diesem Gebiet sei an dieser Stelle dem geneigten Leser überlassen.

Ein weiterer Ansatzpunkt zur Verbesserung des bisher vorgestellten Algorithmus ist die Reduktion des Kommunikationsaufwands zwischen den Prozessoren. Damit beschäftigten sich unter anderem Nabhan / Zomaya (1995). Der folgende Abschnitt soll einen kurzen Überblick über deren Erkenntnisse liefern.

3.3.3 Verringerung des Kommunikationsaufwands

Das Hauptproblem des bisher vorgestellten Algorithmus ist dessen hoher Kommunikationsaufwand: Der Wurzel-Prozessor sendet seine Lösung zum Zurückweisungsknoten, generiert einen Zustandskandidaten und liefert diese neue Lösung an den Akzeptanz-Prozessor. Jeder Knoten überträgt seine Lösungen an die nachfolgenden Kindknoten. Nach dem Treffen der Akzeptanzentscheidung am Ende des korrekten Pfades wird das Ergebnis wiederum zum Wurzelknoten übermittelt und der gesamte Prozess beginnt von vorn. Im Falle großer Netzwerke muss die jeweilige Konfiguration viele Knoten passieren, um die Wurzel zu erreichen. Die folgende Vorgehensweise, die von Nabhan / Zomaya (1995) entwickelt wurde, basiert auf der Beobachtung, dass der Unterschied zwischen der Lösung eines beliebigen Knotens und seinen Kind- und Eltern-Prozessoren maximal eine einzige Bewegung ist. Einfacherweise besteht die wesentliche Idee darin, ausschließlich die neuen Zustandsänderungen zu kommunizieren. Dafür verteilt der Wurzelprozessor die Startlösung zu Beginn an alle Prozessoren im Netzwerk, sodass sichergestellt wird, dass alle Knoten am Anfang jeder Berechnungsphase die aktuelle Lösung haben. Nachdem der erste Lösungskandidat generiert wurde, erhält jeder folgende Prozessor die Anzahl an Zustandsänderungen, die für seine Operation erforderlich sind. Im Falle des Traveling Salesman Problems wie es in obigen Kapiteln beschrieben wurde, bezieht sich eine Bewegung auf die zwei zufällig ausgewählten Städte, deren Positionen vertauscht werden. Wenn sich diese zwei Städte an den Positionen i und j befinden, wird anstelle der gesamten Zielfunktion nur die entsprechende Änderung der Reisekosten nach folgender Formel berechnet:

$$\Delta f = c\big(s(i-1), s(j)\big) + c\big(s(j), s(i+1)\big) \tag{3.5}$$
$$+c\big(s(j-1), s(i)\big) + c\big(s(i), s(j+1)\big)$$
$$-c\big(s(i-1), s(i)\big) - c\big(s(i), s(i+1)\big)$$
$$-c\big(s(j-1), s(j)\big) - c\big(s(j), s(j+1)\big)$$

Experimentelle Ergebnisse haben gezeigt, dass die Verwendung dieses Ausdrucks die Berechnungszeit signifikant reduziert.

Beispielhaft soll der erforderliche Kommunikationsaufwand nach dieser Änderung an der grundlegenden Vorgehensweise der Parallelisierung von Simulated Annealing mittels Speculative Computation anhand von Abbildung 19 erklärt werden. Die Pfeile zeigen die Kommunikationsrichtung an und die Ziffer an jedem Pfeil kennzeichnet die Anzahl an Bewegungen, die übertragen werden müssen. Es ist wichtig an dieser Stelle zu erwähnen, dass die Zurückweisungsknoten in dieser Abbildung links angeordnet sind, während die Akzeptanz-Kinder sich rechts befinden. Da die Knoten 1 und 3 Zurückweisungs-Prozessoren sind, benötigen sie keine Informationen über Änderungen. Die Bewegung die von Knoten 1 generiert wurde, muss hingegen an Knoten 4 gesendet werden und Knoten 2 benötigt die Zustandsänderung, die von der Wurzel erzeugt wurde. Diese Technik wird auf alle Elemente im Netzwerk angewendet. Ist der korrekte Pfad identifiziert, überträgt der letzte Knoten die Anzahl an Bewegungen, die zur Aktualisierung seiner Nachbarn notwen-

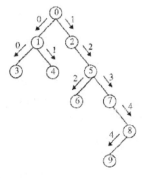

Abbildung 19: Übertragung der Zustandsänderungen in einem unbalancierten Baum mit zehn Prozessoren
[Nabhan/ Zomaya, 1995, S.1228]

dig sind, welche wiederum die entsprechenden Änderungen kommunizieren, um ihre Nachbarn zu aktualisieren. Wurde beispielsweise festgestellt, dass der korrekte Pfad an Knoten 8 mit einer Akzeptanzentscheidung endet, dann benötigen Knoten 7 und 9 nur diese Bewegung, um ihre Lösung zu aktualisieren. Knoten 5 muss die zwei Zustandsänderungen von den Prozessoren 7 und 8 erhalten und so weiter. Die wichtigsten Vorteile dieser Technik lassen sich in zwei Punkten zusammenfassen:

- Die Kommunikationsdauer hängt nur von der Gestalt des Baumes und der Anzahl der Knoten ab. Selbst bei steigender Problemgröße wird der Kommunikationsaufwand wesentlich reduziert, womit sich die Gesamtleistung dieser Methode verbessert.

- Bei niedrigen Temperaturen müssen weniger Bewegungen übertragen werden, womit die Effizienz des Algorithmus entsprechend steigt.

Der oben genannte Ausdruck für die vorhergesagte Beschleunigung einer bestimmten Baumgestalt müsste modifiziert werden, wobei an dieser Stelle jedoch auf die Arbeit von Nabhan / Zomaya (1995, S.1228 f.) verwiesen werden soll. Die von den Autoren durchgeführten Experimente mit dem Traveling Salesman Problem ergaben, dass die erzielten Lösungen in jedem Fall identisch zu denen des seriellen Algorithmus sind. Außerdem wurde gezeigt, dass der verringerte Kommunikationsaufwand vor allem bei steigender Anzahl von Städten signifikante Verbesserungen gegenüber dem Verfahren von Witte et al. (1991) erzielt, welches bezüglich der Anzahl effizient nutzbarer Prozessoren schnell einen Sättigungspunkt erreichte.

Mit dem Wissen über die Vorgehensweise des Speculative Computation bei zugrundeliegender binärer Baumstruktur soll im nächsten und letzten Abschnitt dieses Kapitels ein Algorithmus eingeführt werden, der diese Technik für massiv parallele Verarbeitung erweitert: Generalized Speculative Computation.

3.3.4 Generalized Speculative Computation

Der im Folgenden vorgestellte Ansatz verallgemeinert die bisher vorgestellte binäre Spekulation zu einer N-ären Spekulation, das heißt N Prozessoren führen gleichzeitig N verschiedene Berechnungsschritte durch. Abbildung 20 zeigt einen N-ären spekulativen Baum mit drei Stufen und sieben Prozessoren, die elf Iterationen parallel ausführen. Es ist zu sehen, dass die Idee der Aufteilung in Akzeptanz- und Zurückweisungs-Knoten aufgegeben wurde. Stattdessen erhält jeder Prozessor zur Laufzeit einen Schleifenindex und führt die drei Schritte der inneren Schleife des Simulated-Annealing-Algorithmus aus. Am Ende

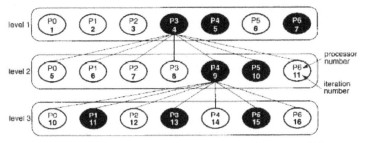

Abbildung 20: N-ärer spekulativer Baum mit drei Stufen [Sohn, 1995, S.999]

seiner Berechnungen liefert jeder Prozessor eine Variable FLAG, um sein Entscheidungs-ergebnis anzuzeigen. FLAG nimmt entweder OK für Akzeptanz oder NOK für Zurückwei-sung an. Haben alle Knoten ihre abzuarbeitenden Schritte beendet, werden die Resultate gesammelt und die Lösung des kleinsten nummerierten Schleifenindex wird ausgewählt, um die nächste Stufe anzustoßen. Um sicherzustellen, dass die parallele Version die glei-che Entscheidungssequenz liefert wie das sequentielle Simulated Annealing, werden je-weils die gleichen Startwerte zur Generierung der Pseudozufallszahlen verwendet, welche bei der Akzeptanzentscheidung benötigt werden. Abbildung 20 stellt dar, wie der Genera-lized-Speculative-Computation-Algorithmus elf Iterationen in drei Stufen ausführt. Die erste Stufe des N-ären Baums zeigt die Ausführung von sieben Rechenschritten gleichzei-tig. Angenommen, die Prozessoren 3, 4 und 6 treffen eine Akzeptanzentscheidung, was im Bild durch ausgefüllte Kreise verdeutlicht ist. Dann wird schlussendlich die Entscheidung akzeptiert, die vom kleinsten nummerierten Prozessor getroffen wird - in diesem Fall Pro-zessor 3, da die Resultate der höher nummerierten Rechenknoten inkorrekt sind. Prozessor 4 und 6 konnten jeweils nicht basierend auf aktuellen Daten entscheiden, da diese in Itera-tion 2 von Prozessor 3 aufgrund seiner Akzeptanzentscheidung verändert worden sind. Demnach liegen den Berechnungen von 4 und 6 falsche Daten zugrunde. Die zweite Stufe startet anschließend bei Schleifendurchlauf Nummer 5 und führt die Iterationen 5 bis 11 parallel aus. Jeder Rechenknoten erhält den Lösungskandidaten, den Prozessor 3 vorher generiert hat sowie den aktuellen Schleifenindex 4, berechnet seine Iterationsnummer, in-dem die Prozessornummer addiert wird, und beginnt die Ausführung der drei Phasen. Das Verfahren wiederholt sich anschließend, bis das Abbruchkriterium den gesamten Prozess beendet.

Diese Methode verschafft eindeutig einen Beschleunigungsvorteil, da eine binäre spekula-tive Berechnung ein Maximum von nur drei Iterationen mit einem dreistufigen binären Baum ausführen kann, während der N-äre Baum im besten Fall auf jeder Stufe mit beispielsweise sieben Prozessoren sieben Iterationen ausführen kann. Tritt allerdings der schlechteste Fall ein, das heißt der Prozessor mit der niedrigsten Nummer entscheidet OK, dann wird die Rechenzeit sogar schlechter als beim sequentiellen Algorithmus sein, da zusätzlicher Kommunikationsaufwand nötig ist. Aufgrund der Tatsache, dass Simulated Annealing viel seiner Rechenzeit bei niedrigen Temperaturen verbringt, wenn die Akzeptanzwahrscheinlichkeit gering ist, scheint der hier vorgestellte Ansatz eine natürliche Herangehensweise an eine massiv parallele Implementierung dieser Metaheuristik zu sein. Experimente von Sohn (1995, S.1000 ff.) mit dem Traveling Salesman Problem bestätigten dies durch folgende Beobachtungen:

1. Die erzielte Beschleunigung steigt mit der Anzahl der verwendeten Prozessoren.

2. Die Beschleunigung sinkt, wenn die Temperatur steigt, was anhand des Verlaufs der Akzeptanzwahrscheinlichkeit ein leicht zu erklärendes Phänomen ist.

3. Die Beschleunigung nimmt ab, wenn die Problemgröße steigt, was im Fall des Traveling Salesman Problems auf den Schritt der Lösungskandidatengenerierung zurückzuführen ist, welcher umfangreiche Speicheroperationen erfordern kann.

Wie erwartet, stellt der erforderliche Kommunikationsaufwand auch bei dieser Implementierung ein Problem dar. Wenn die Anzahl verwendeter Prozessoren über 20 steigt, beginnt der Kommunikationsschritt den gesamten Prozess zu dominieren, bei 100 Prozessoren nimmt die Kommunikation bereits 60% der gesamten Ausführungszeit in Anspruch. Der nächste Schritt wäre eine Verknüpfung dieses Ansatzes mit dem Verfahren aus Abschnitt 3.3.3. Dies soll jedoch an dieser Stelle dem geneigten Leser überlassen werden.

Die hier präsentierte Vorgehensweise erhält die entscheidenden Vorteile des sequentiellen Simulated Annealing unter anderem durch synchrone Parallelisierung. Dies bedeutet, dass die serielle Entscheidungssequenz nicht verletzt wird, womit sowohl Konvergenzverhalten als auch Lösungsqualität erhalten bleiben. Zusätzlich können je nach Größe der Probleminstanz und Anzahl verwendeter Prozessoren enorme Beschleunigungen erreicht werden. Abschließend soll deshalb das Verfahren des Generalized Speculative Computation als Favorit unter allen vorgestellten Parallelisierungsstrategien für Simulated Annealing gewertet werden.

4 Zusammenfassung und Ausblick

Das Ziel dieser Arbeit bestand darin, einführend das Gebiet der Simulation und der kombinatorischen Optimierung zu betrachten, um anschließend eine effiziente Metaheuristik zur Lösung komplexer Optimierungsprobleme vorzustellen - das Simulated Annealing. Dieses naturanaloge Verfahren wurde inspiriert durch physikalische Prozesse auf dem Gebiet der statistischen Thermodynamik und besitzt zahlreiche Vorteile. Zum einen kann dieser Algorithmus durch Ersetzung weniger problemspezifischer Datenstrukturen und Funktionen auf viele Probleme angewandt werden. Des Weiteren ist eine einfache Handhabung multipler, potentiell widersprüchlicher Ziele möglich, indem die Zielfunktion des Optimierungsproblems als Summe von gewichteten Termen ausgedrückt wird. Die theoretische Konvergenz zu einem globalen Optimum kann unter Verwendung der Markov-Ketten-Theorie bewiesen werden, vorausgesetzt die serielle Entscheidungssequenz der sequentiellen Vorgehensweise bleibt erhalten. Allerdings steht diesen vielen Vorteilen auch ein entscheidender Nachteil gegenüber: bei der Anwendung des Simulated Annealing auf wachsende Problemgrößen steigt die erforderliche Rechenzeit enorm an. Damit die praktische Relevanz dieses effizienten Verfahrens nicht gänzlich verloren geht, mussten Mittel und Wege gefunden werden, um den Lösungsprozess bei komplexen Problemstellungen zu beschleunigen. Neben der Möglichkeit den Algorithmus selbst zu verändern, bestand die Idee, neuere technologische Entwicklungen zu nutzen und eine parallele Strategie zu entwerfen, um die Rechenlast zwischen vernetzten Computern zu verteilen. Obwohl die sequentielle Natur des Simulated Annealing die Entwickler vor eine schwierige Aufgabe stellte, entstanden dennoch viele interessante Ansätze, die eine signifikante Beschleunigung erreichten, wobei dies jedoch meist zu Lasten von Lösungsqualität und Konvergenzverhalten geschah und damit die primären Vorteile des sequentiellen Algorithmus verloren gingen. Im letzten Abschnitt dieser Arbeit wurde eine Vorgehensweise vorgestellt, die sowohl in kleineren Netzwerken als auch bei massiv paralleler Verarbeitung die Rechenzeit wesentlich verkürzen kann, ohne die serielle Entscheidungssequenz des Simulated Annealing zu verletzen. Dieser Ansatz der spekulativen Parallelisierung birgt noch Verbesserungspotential, wie beispielsweise die Reduktion des Kommunikationsaufwands oder die dynamische Zuordnung von Prozessoren während der Laufzeit, womit Gebiete der weiteren Forschung aufgezeigt werden. Es ist anzunehmen, dass weitere Beschleunigung durch Kombination dieses Verfahrens mit anderen Quellen des Parallelismus erreicht werden kann. Doch selbst ohne die perfekte Implementierung des Generalized-Speculative-Computation-

Algorithmus ist diese Strategie ein seltener Vertreter für massiv paralleles Simulated Annealing, welcher zudem problemunabhängig ist.

Diese Arbeit beschränkte sich ausschließlich darauf, die Vorteile und allgemeine Verwendbarkeit des Simulated Annealing anhand des Traveling-Salesman-Problems aufzuzeigen. Ein Blick in die aktuelle Forschung zeigt jedoch, dass diese Metaheuristik noch weitaus schwierigere Probleme lösen kann. Beispielhaft soll eine kurze Übersicht in zwei interessante Gebiete gegeben werden:

- – Problem der Planung einer globalen Netzwerktopologie für Universal Mobile Telecommunication Systems (UMTS) und
- – automatisches Design von Software-Architekturen.

UMTS spielt auf dem weltweiten Markt für drahtlose Kommunikation aktuell eine sehr große Rolle. Die Hauptaufgabe eines Netzwerkplanungsprozesses ist die optimale Organisation der Standorte der Netzwerkelemente sowie die Wahl von Anzahl und Typ der benötigten Geräteausstattung und deren Vernetzung. Eine Lösungsmöglichkeit dieses NP-harten Problems mit Hilfe des Simulated-Annealing-Algorithmus wurde von Liu / St-Hilaire (2009) vorgestellt. Die zu minimierende Zielfunktion berechnet für jeden Lösungskandidaten die Summe der Kosten der gesamten Ausstattung und notwendigen Verknüpfungen. Die Autoren führten Experimente mit einer seriellen Implementierung durch, die Lösungen finden konnte, die im Durchschnitt in einem Bereich von $5,26 \pm 2,23\%$ (90%-Konfidenzintervall) um das Optimum lagen. Allerdings stellten sie fest, dass die Rechenzeit mit zunehmender Problemgröße wächst, was auf positive Verbesserungsmöglichkeiten mittels paralleler Verarbeitung hindeutet.

Ein weiteres Anwendungsgebiet des Simulated Annealing bietet der Bereich der Softwareentwicklung, dessen Hauptziel darin besteht, Software-Systeme basierend auf funktionalen Anforderungen automatisch zu erstellen. Ein Algorithmus könnte diese Aufgabe umsetzen, indem verschiedene Architekturmuster und Design Patterns nach der jeweiligen Strategie ausgewählt werden und das Ergebnis in einem UML-Klassendiagramm dargestellt wird. Nach jeder Zustandsänderung müsste die resultierende Lösung jedoch einer Korrektur-Operation unterzogen werden, damit sichergestellt wird, dass die Architektur schlüssig bleibt und nicht beispielsweise existierende Entwurfsmuster zerstört werden. Die Wahl der Bewertungsfunktion stellt eine schwierige Aufgabe dar, da dieser Vorgang in der Realität manuell von einem Software-Designer durchgeführt wird, der Metriken im Allgemeinen nur unterstützend hinzuzieht. Für die automatische Verarbeitung dieses Problems sind jene jedoch unerlässlich, da eine Interaktion mit dem Anwender nicht das Ziel einer solchen Methode sein kann. Genetische Algorithmen wurden bereits erfolgreich in diesem Aufgabenbereich angewendet, weshalb es naheliegend erscheint, dass andere Suchmethoden fähig sind, ähnlich gute Resultate zu liefern. Räihä et al. (2009) fanden heraus, das Simulated Annealing allein jedoch nur bedingt für dieses Problem geeignet ist. Vielmehr wird eine Kombination beider Verfahren benötigt, bei der Simulated Annealing die Ausgangslösung für den Genetischen Algorithmus ermittelt. Diese Variante war die einzige, die in experimentellen Versuchen sowohl einen Anstieg der Werte der berechneten Metriken als auch der Qualität der produzierten Lösungen ergab, welche mit Hilfe der UML-Klassendiagramme bewertet wurden. Die Verwendung des Genetischen Algorithmus zur Verfeinerung der durch Simulated Annealing gefundenen Lösungen hat einen „strukturierenden" Effekt auf die Software-Architektur, weshalb zukünftige Untersuchungen dieser Kombination durchaus sinnvoll erscheinen.

Die Reihe der Anwendungen könnte an dieser Stelle mit der Arbeit von Lee et al. (2008) sogar noch fortgesetzt werden, welche die Strukturierung der Fülle an Informationen des World Wide Web mit Hilfe des Simulated Annealing thematisiert. Diese Vielzahl an Beispielen verdeutlichen, dass der hier fokussierte Algorithmus keine ausschließlich aus mathematischer und wissenschaftlicher Sicht interessante Metaheuristik darstellt und auch in Zukunft eines der interessantesten Verfahren zur Lösung komplexer Optimierungsprobleme bleiben wird.

Anhang

Anlage 1 - Monte-Carlo-Flächenberechnung

Als Beispiel für eine typische Berechnung mit Hilfe der Monte-Carlo-Integration soll die Fläche unter einem Parabelbogen (siehe Abbildung 21) bestimmt werden. Gesucht ist der Flächeninhalt des Bereichs zwischen dem Graphen und der x-Achse innerhalb der Abszissen x = 0 und x = 1.

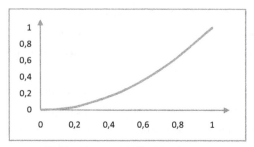

Abbildung 21: Graph der Funktion f(x) = x²

Mithilfe der Standard-Schulmathematik ist die Lösung leicht gefunden: Zuerst wird die Stammfunktion

$$F(x) = \frac{x^3}{3} \qquad \text{(A.1.1)}$$

der Funktion

$$f(x) = x^2 \qquad \text{(A.1.2)}$$

gebildet und mittels einfacher Integralrechnung ergibt sich ein Flächeninhalt von

$$A = \frac{1}{3}.$$

Mit Hilfe der Monte-Carlo-Methode kann dieses Problem noch einfacher gelöst werden: Zunächst wird um die zu bestimmende Fläche ein Quadrat mit der Kantenlänge 1 gezeichnet. Dann werden mit dem Computer viele zufällige, aber gleichverteilte Punkte in diesem Quadrat erzeugt und abschließend die Anzahl der Punkte gezählt, die sich innerhalb des gesuchten Bereiches befinden, also unterhalb des Parabelstückes im Quadrat. Da die Punkte gleichmäßig verteilt sind, entspricht der Anteil der „Treffer" dem Verhältnis von gesuchtem Flächeninhalt zur Fläche des Quadrates.

Werden beispielsweise 60 Punkte erzeugt, von denen 22 innerhalb der gesuchten Fläche liegen, dann kann der Flächeninhalt folgendermaßen geschätzt werden:

$$\frac{Anzahl\ "Treffer"}{Gesamtanzahl\ Punkte} * Flächeninhalt\ des\ Quadrats \qquad (A.1.3)$$

$$= \frac{22}{60} * 1 = 0{,}367 \dots$$

Dieses Ergebnis liegt schon nah am exakten Flächeninhalt. Noch genauere und verlässlichere Lösungen können erzielt werden, indem die Anzahl der Punkte erhöht wird, was mit dem Computer sehr einfach und schnell umsetzbar ist.

Es stellt sich allerdings die Frage, warum so ein Aufwand betrieben werden soll, wenn das Ergebnis mit der einfachen Schulmathematik ebenso schnell gefunden ist? Dieses hier vorgestellte Beispiel wurde bewusst einfach gewählt, um die Methodik der Monte-Carlo-Integration verständlich darzustellen. Werden die Flächen, deren Inhalte gesucht sind, komplizierter und größer, kann eine ausführliche Integralrechnung schnell sehr umständlich werden, wohingegen das Monte-Carlo-Verfahren seine niedrige Komplexität beibehält und bei jeder möglichen Fläche anwendbar ist.

Es sollte jedoch erwähnt werden, dass Verfahren, die auf dem Zufall beruhen, nicht sehr zuverlässig sind, weshalb mit Hilfe der Monte-Carlo-Methode gefundene Ergebnisse stets mit Vorsicht interpretiert werden sollten.

Anlage 2 - Beispiel zum Traveling-Salesman-Problem

Nachfolgend soll das Verfahren des Simulated Annealing an folgendem Beispiel erläutert werden: Ein Handlungsreisender aus Frankfurt am Main muss Kunden in zehn verschiedenen deutschen Städten besuchen, wobei die Gesamtstrecke so kurz wie möglich sein soll. Dazu wird im Vorfeld eine Distanzmatrix (Tabelle 1) mit den Entfernungen zwischen den Städten in km erstellt. Anschließend werden die notwendigen Parameterwerte für den Simulated-Annealing-Algorithmus gewählt:

- Startwert des Kontrollparameters T: 350

- Untergrenze T_{min}: 0,1

- Anzahl der Iterationen m: 5.000

- Abkühlungsplan: $T(k) = \alpha * T(k-1)$ mit $\alpha = 0,9$

- Erzeugung eines Lösungskandidaten erfolgt durch Austausch von zwei zufällig gewählten Städten der aktuellen Lösung.

	Aachen	Berlin	Chem-nitz	Dort-mund	Frank-furt	Ham-burg	Hanno-ver	Mün-chen	Saarb-rücken	Stutt-gart
Aachen	0	640	577	156	258	488	354	643	266	415
Berlin	640	0	260	493	545	288	286	586	722	634
Chem-nitz	577	260	0	482	393	518	386	387	571	435
Dort-mund	156	493	482	0	221	346	213	606	355	418
Frank-furt	258	545	393	221	0	496	352	393	184	209
Ham-burg	488	288	518	346	496	0	157	775	670	655
Hanno-ver	354	286	386	213	352	157	0	632	526	512
Mün-chen	643	586	387	606	393	775	632	0	476	221
Saarb-rücken	266	722	571	355	184	670	526	476	0	223
Stutt-gart	415	634	435	418	209	655	512	221	223	0

Tabelle 1: Distanzmatrix in km

Zuletzt muss noch eine zufällige Startlösung generiert werden. Dazu werden die Städte alphabetisch sortiert, wobei Frankfurt als Heimat des Handlungsreisenden sowohl erste als auch letzte Stadt ist. Nun kann der Algorithmus gestartet werden. Abbildung 22 zeigt die

Ausgangslösung und die zugehörige Tabelle 2 enthält die einzelnen Entfernungen für diese Rundreise.

Abbildung 22: Startlösung

Startlösung	Entfernungen in km
Frankfurt	
Aachen	258
Berlin	640
Chemnitz	260
Dortmund	482
Hamburg	346
Hannover	157
München	632
Saarbrücken	476
Stuttgart	223
Frankfurt	209
Summe:	3683

Tabelle 2: Entfernungstabelle für die Startlösung

Die Gesamtdistanz der Tour der Startlösung beträgt 3683 km. Werden anschließend die Städte Aachen und München vertauscht, ergibt sich die in Abbildung 23 dargestellte Route mit den Entfernungen entsprechend Tabelle 3 und einer Gesamtlänge von 3276 km.

Abbildung 23: Lösungskandidat 1

Lösungskandidat	Entfernungen in km
Frankfurt	
München	393
Berlin	586
Chemnitz	260
Dortmund	482
Hamburg	346
Hannover	157
Aachen	354
Saarbrücken	266
Stuttgart	223
Frankfurt	209
Summe	3276

Tabelle 3: Entfernungen für Lösungskandidat 1

Dies bewirkt im Verhältnis zur Ausgangslösung eine Ersparnis von 407 km, sodass dieser Lösungskandidat als neue Lösung akzeptiert wird.

Im nächsten Schritt werden die Städte Chemnitz und Hannover für den paarweisen Tausch verwendet. Dadurch ergibt sich die in Abbildung 24 dargestellte Tour, die sich über insgesamt 3617 km erstreckt. Tabelle 4 zeigt wieder die einzelnen Entfernungen.

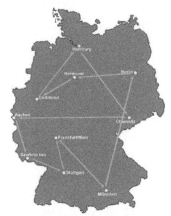

Lösungskandidat	Entfernungen in km
Frankfurt	
München	393
Berlin	586
Hannover	286
Dortmund	213
Hamburg	346
Chemnitz	518
Aachen	577
Saarbrücken	266
Stuttgart	223
Frankfurt	209
Summe	3617

Abbildung 24: Lösungskandidat 2   Tabelle 4: Entfernungen für Lösungskandidat 2

Gegenüber Lösungskandidat 1 (LK1) liefert dieser Tausch eine Verschlechterung von -341 km. Daher wird der Simulated-Annealing-Algorithmus an dieser Stelle eine Zufallszahl $z \in [0,1]$ generieren und das Metropolis-Kriterium berechnen:

$$e^{\frac{-\Delta f}{T}} = e^{\frac{-(f(LK2)-f(LK1))}{T}} = e^{\frac{-(3617-3276)}{350}} = e^{-0,9743} = 0,3775 \qquad (A.2.1)$$

Der Lösungskandidat 2 (LK2) wird nur akzeptiert werden, wenn der Wert des Metropolis-Kriteriums größer ist als die gleichverteilte Zufallszahl z.

Nach diesem Schema verläuft der Algorithmus für den Rest der 5.000 Iterationen, bevor der Kontrollparameter T entsprechend dem gewählten Abkühlungsplan verringert und die innere Schleife erneut gestartet wird:

$$T(2) = \alpha * T(1) = 0,9 * 350 = 315. \qquad (A.2.2)$$

Mit sinkendem Wert von T werden immer weniger Verschlechterungen akzeptiert werden, bis der Algorithmus schließlich terminiert, wenn die Temperatur-Untergrenze T_{min} erreicht ist. Zu diesem Zeitpunkt hat die Simulated-Annealing-Prozedur im Idealfall die in Abbildung 25 dargestellte optimale Tour gefunden, deren Gesamtlänge 2341 km beträgt.

Abbildung 25: optimale Tour

Anlage 3 - Herleitung des Ausdrucks zur Berechnung der Beschleunigung einer bestimmten Baumgestalt

Die Basisidee zur Vorhersage der Beschleunigung a_T einer spezifischen Baumstruktur bei Temperatur T beruht auf der Berechnung der durchschnittlichen Beschleunigung über alle möglichen Pfade durch den Baum. Ein Weg ist jeweils definiert durch die Bestimmung des Knotens, an dem der Baum verlassen wird und die Berechnung erneut beim Wurzelknoten beginnt. Ein Pfad verlässt den Baum an Knoten i, wenn der Pfad Knoten i enthält und i eine Entscheidung trifft, sodass der zugehörige Kindknoten im aktuellen Prozessorbaum nicht vorhanden ist.

Die Beschleunigung eines Pfades, der den Baum an Knoten i verlässt, ist gegeben durch a_i und dessen Wahrscheinlichkeit durch $P(i_V)$. Für die durchschnittliche Beschleunigung über alle möglichen Wege im Binärbaum gilt folglich:

$$a_T = \sum_{i \in Baum} P(i_V) * a_i. \tag{A.3.1}$$

Zunächst soll ein Ausdruck für a_i abgeleitet werden. Wenn der Entscheidungspfad den Baum bei Knoten i verlässt, dann wurde eine bestimmte Anzahl von Entscheidungen d_i getroffen, welche der Menge der Vorfahren von i, einschließlich i selbst, entspricht, die entweder eine Akzeptanz- (acc_i) oder eine Zurückweisungsentscheidung (rej_i) getroffen haben. Die zugehörige Beschleunigung a_i ergibt sich aus dem Verhältnis der Zeit t_s, um d_i Entscheidungen seriell zu treffen, zu der Zeit t_p, um jene parallel durchzuführen. Jede sequentiell getroffene Entscheidung benötigt die Zeit

$$t_m + t_e + t_d, \tag{A.3.2}$$

sodass die serielle Zeit t_s wie folgt berechnet wird:

$$t_s = d_i * (t_m + t_e + t_d) = (acc_i + rej_i + 1) * (t_m + t_e + t_d). \tag{A.3.3}$$

Beim parallelen Algorithmus kann die Zeit t_p bestimmt werden, indem die Zeitspanne zwischen dem Beginn des Berechnungsvorgangs beim Wurzelknoten und dessen Ende mit der Entscheidung des Knotens i untersucht wird. Jedes Akzeptanz-Kind beginnt zeitlich

$$t_m + t_c \tag{A.3.4}$$

nachdem sein Elternknoten die Berechnung begonnen hat, während jedes Zurückweisungs-
Kind bereits nach der Zeit t_c ansetzt. Demnach startet Knoten i zum Zeitpunkt

$$acc_i * (t_m + t_c) + rej_i * (t_c) \qquad (A.3.5)$$

nach dem Anfang der Berechnungen bei der Wurzel. Unter Einbezug der Berechnungszeit
von Knoten i sowie der Kommunikation des Ergebnisses zur Wurzel ergibt sich aus
(A.3.5):

$$t_p = t_m + t_e + t_d + t_c + acc_i * (t_m + t_c) + rej_i * (t_c). \qquad (A.3.6)$$

Schlussendlich folgt aus (A.3.3) und (A.3.6) die Beschleunigung eines Entscheidungspfa-
des, der den Baum an Knoten i verlässt:

$$a_i = \frac{t_s}{t_p} = \frac{(acc_i + rej_i + 1) * (t_m + t_e + t_d)}{t_m + t_e + t_d + t_c + acc_i * (t_m + t_c) + rej_i * (t_c)} \qquad (A.3.7)$$

Nun wird noch ein Ausdruck für die Wahrscheinlichkeit $P(i_V)$ benötigt. Offensichtlich
muss der Entscheidungspfad, um den Baum bei Knoten i verlassen zu können, Knoten i
zunächst erreichen. Die Wahrscheinlichkeit $P(i_E)$ dieses Umstands wird aus acc_i und rej_i
sowie der geschätzten Akzeptanzwahrscheinlichkeit $P(acc)$ gebildet:

$$P(i_E) = P(acc)^{acc_i} * \left(1 - P(acc)\right)^{rej_i}. \qquad (A.3.8)$$

Die Wahrscheinlichkeit, dass der Entscheidungspfad den Baum an Knoten i verlässt, ist
eine ähnliche Berechnung, hängt allerdings davon ab, welche Kindknoten von i vorhanden
sind:

$$P(i_V) = \begin{cases} P(i_E), & \text{wenn i kein Kind hat} \\ P(i_E) * P(acc), & \text{wenn i nur ein Zurückweisungskind hat} \\ P(i_E) * \left(1 - P(acc)\right), & \text{wenn i nur ein Akzeptanzkind hat} \\ 0, & \text{wenn i beide Kinder hat} \end{cases}$$

Dieser komplexe Ausdruck kann vereinfacht werden, indem ein δr_i eingeführt wird, welches den Wert 0 annimmt, wenn i über ein Zurückweisungskind verfügt, und 1, wenn es nicht existiert. Analog dazu wird δa_i definiert. Dann kann die Wahrscheinlichkeit des Verlassens bei Knoten i ausgedrückt werden als:

$$P(i_V) = P(i_E) * \left(\delta a_i * P(acc) + \delta r_i * \left(1 - P(acc) \right) \right). \tag{A.3.9}$$

Die Ersetzung von (A.3.7) und (A.3.9) in (A.3.1) ergibt schlussendlich folgenden Ausdruck für die vorhergesagte Beschleunigung einer bestimmten Baumgestalt:

$$a_T = \sum_{i \in Baum} P(i_E) * \left(\delta a_i * P(acc) + \delta r_i * \left(1 - P(acc) \right) \right)$$

$$* \frac{(acc_i + rej_i + 1) * (t_m + t_e + t_d)}{t_m + t_e + t_d + t_c + acc_i * (t_m + t_c) + rej_i * (t_c)}.$$

Literaturverzeichnis

[Behrends, 2006]   Behrends, Ehrhard: Fünf Minuten Mathematik. Friedrich
                        Vieweg & Sohn Verlag, Wiesbaden, 2006.

[Berthold / Hand, 2003] Berthold, Michael / Hand, David J.: Intelligent Data Analy-
                         sis. Springer-Verlag, Berlin u.a., 2003.

[Beucher, 2007]   Beucher, Ottmar: Wahrscheinlichkeitsrechnung und Statis-
                        tik mit MATLAB. Springer-Verlag, Berlin u.a., 2007.

[Blum / Roli, 2003]   Blum, Christian / Roli, Andrea: Metaheuristics in Combina-
                        torial Optimization: Overview and Conceptual Comparison.
                        In: ACM Computing Surveys Vol. 35/3, 2003, S.268-308.

[Borovska, 2007]   Borovska, Plamenka: Efficiency of Parallel Metaheuristics
                        for Solving Combinatorial Problems. In: Proceedings of the
                        2007 International Conference on Computer Systems and
                        Technologies, Artikel Nr. 15, 2007.

[Brémaud, 1999]   Brémaud, Pierre: Markov Chains - Gibbs Fields, Monte
                        Carlo Simulation, and Queues. Springer-Verlag, New York,
                        1999.

[Brüggemann, 1995]   Brüggemann, Wolfgang: Ausgewählte Probleme der Pro-
                        duktionsplanung - Modellierung, Komplexität und neuere
                        Lösungsmöglichkeiten. Physica-Verlag, Heidelberg, 1995.

[Černý, 1985]   Černý, V.: Thermodynamical Approach to the Traveling
                        Salesman Problem: An Efficient Simulation Algorithm. In:
                        Journal of Optimization Theory and Applications Vol. 45/1,
                        1985, S.41-51.

[Crainic / Toulouse, 2003] Crainic, Teodor Gabriel / Toulouse, Michel: Parallel Strat-
                            egies for Meta-Heuristics. In: Glover, Fred/ Kochenberger,
                            Gary A. (Hrsg.): Handbook of Metaheuristics. Kluwer

Academic Publisher, 2003, S.475-513.

[Diekmann et al., 1993]   Diekmann, Ralf et al.: Problem Independent Distributed
                            Simulated Annealing and its Applications. Universität Pa-
                            derborn, 1993.

[Ehlert, 2002]   Ehlert, Giesbert: Simulation und Optimierung. AFW Wirt-
                            schaftsakademie Bad Harzburg GmbH, 2002.

[Fleischer, 1995]   Fleischer, Mark: Simulated Annealing: Past, Present and
                            Future. In: Proceedings of the 27th Conference on Winter
                            Simulation, 1995, S.155-161.

[Gentle, 2002]   Gentle, James E.: Elements of Computational Statistics.
                            Springer-Verlag, New York, 2002.

[Gerdes et al., 2004]   Gerdes, Ingrid et al.: Evolutionäre Algorithmen, Friedrich
                            Vieweg & Sohn Verlag, Wiesbaden, 2004.

[Goethe, 1808]   von Goethe, Johann Wolfgang: Faust. Eine Tragödie von
                            Goethe. J.G. Cotta-Verlag, Tübingen, 1808.

[Gumm /Sommer, 2006]   Gumm, Heinz-Peter / Sommer, Manfred: Einführung in die
                            Informatik. Oldenbourg-Verlag, München u.a., 2006.

[Gutenschwager, 2002]   Gutenschwager, Kai: Online-Dispositionsprobleme in der
                            Lagerlogistik: Modellierung - Lösungsansätze - praktische
                            Umsetzung. Physica-Verlag, Heidelberg, 2002.

[Greening, 1990]   Greening, Daniel R.: Parallel Simulated Annealing Tech-
                            niques. In: Physica D Vol.42, 1990, S.293-306.

[Hromkovič, 2007]   Hromkovič, Juraj: Theoretische Informatik. B.G. Teubner
                            Verlag, Wiesbaden, 2007.

[Janaki Ram et al., 1996] Janaki Ram, D. et al.: Parallel Simulated Annealing Algo-
                            rithms. In: Journal of Parallel and Distributed Computing
                            Vol.37, Artikel Nr.0121, 1996, S.207-212.

[Kämpf / Mehner, 2007]   Kämpf, Mirko / Mehner, Thomas: Physikalische Experi-
                              mente am Computer. Technische Universität Chemnitz,
                              2007.

[Kirkpatrick et al., 1983]   Kirkpatrick, Scott et al.: Optimization by Simulated An-
                              nealing. In: Science Vol.220, 1983, S.671-680.

[Lazarova /Borovska, 2008]   Lazarova, Milena / Borovska, Plamenka: Comparison of
                              Parallel Metaheuristics for Solving the TSP. In: Proceed-
                              ings of the 9th International Conference on Computer Sys-
                              tems and Technologies, Artikel Nr.17, 2008.

[Lee et al., 2008]   Lee, Wookey et al.: Query Based Optimal Web Site Clus-
                              tering Using Simulated Annealing. In: Proceedings of the
                              10th International Conference on Information Integration an
                              Web-based Applications and Services, 2008, S.271-278.

[Leite / Topping, 1999]   Leite, J.P.D. / Topping, B.H.V.: Parallel Simulated Anneal-
                              ing for Structural Optimization. In: Computers and Struc-
                              tures Vol.73, 1999, S.545-564.

[Liu / St-Hilaire, 2009]   Liu, Shangyun / St-Hilaire, Marc: Global Planning of 3G
                              Networks Using Simulated Annealing. In: Proceedings of
                              the 2009 International Conference on Wireless Communi-
                              cations and Mobile Computing: Connecting the World
                              Wirelessly, 2009, S.670-674.

[Malek et al., 1989]   Malek, Miroslaw et al.: Serial and Parallel Simulated An-
                              nealing and Tabu Search Algorithms for the Traveling Sa-
                              lesman Problem. In: Anneals of Operations Research
                              Vol.21/1, 1989, S.59-84.

[Metropolis et al., 1953]   Metropolis, Nicholas et al.: Equation of State Calculations
                              by Fast Computing Machines. In: Journal of Chemical Phy-
                              sics Vol.21, 1953, S.1087-1092.

[Nabhan / Zomaya, 1995]   Nabhan, Tarek M. / Zomaya, Albert Y.: A Parallel Simulated Annealing Algorithm with Low Communication Overhead. In: IEEE Transactions on Parallel and Distributed Systems Vol.6/12, 1995, S.1226-1233.

[Nahar et al., 1986]   Nahar, Surendra et al.: Simulated Annealing and Combinatorial Optimizations. In: Proceedings of the 23rd ACM/ IEEE Conference on Design Automation, 1986, S.293-299.

[Räihä et al., 2009]   Räihä, Outi et al.: Using Simulated Annealing for Producing Software Architectures. In: Proceedings of the 11th Annual Conference Companion on Genetic and Evolutionary Computation Conference, 2009, S.2131-2136.

[Siedentopf, 1994]   Siedentopf, Jukka: Anwendung und Beurteilung heuristischer Verbesserungsverfahren für die Maschinenbelegungsplanung - Ein exemplarischer Vergleich zwischen Neuronalen Netzen, Simulated Annealing und genetischen Algorithmen. Universität Leipzig, 1994.

[Sohn, 1995]   Sohn, Andrew: Parallel N-ary Speculative Computation of Simulated Annealing. In: IEEE Transactions on Parallel and Distributed Systems Vol.6/10, 1995, S.997-1005.

[Sørensen, 2009]   Sørensen, Allan: Traveling Salesman Problem - Simulated Annealing.URL: http://www.also.dk/frames/opt_tsp_sa.asp, gelesen am 19.08.2009.

[Spall, 2003]   Spall, James C.: Introduction to Stochastic Search and Optimization. John Wiley & Sons, Hoboken/ New Jersey, 2003.

[Suhl / Mellouli, 2006]   Suhl, Leena / Mellouli, Taïeb: Optimierungssysteme. Springer-Verlag, Berlin u.a., 2006.

[Vöcking et al., 2008]   Vöcking, Berthold et al.: Taschenbuch der Algorithmen. Springer-Verlag, Berlin, 2008.

[Weyland, 2008]   Weyland, Dennis: Simulated Annealing, its Parameter Settings and the Longest Common Subsequence Problem. In: Proceedings of the 10th Annual Conference on Genetic and Evolutionary Computation, 2008, S.803-810.

[Witte et al., 1991]   Witte, Ellen E. et al.: Parallel Simulated Annealing Using Speculative Computation. In: IEEE Transactions on Parallel and Distributed Systems Vol.2/4, 1991, S.483-494.

[Wolters, 2007]   Wolters, Jan: Seminararbeit über das Thema: Simulated Annealing. Ruhr-Universität Bochum, 2007]

BEI GRIN MACHT SICH IHR WISSEN BEZAHLT

- Wir veröffentlichen Ihre Hausarbeit,
  Bachelor- und Masterarbeit

- Ihr eigenes eBook und Buch -
  weltweit in allen wichtigen Shops

- Verdienen Sie an jedem Verkauf

Jetzt bei www.GRIN.com hochladen und kostenlos publizieren